Das Chakra Gesundheitsbuch

Dr. Li Wu (Univ. Yun Nan) und Anna Cavelius

Das Chakra Gesundheitsbuch

Leben in Harmonie

Weltbild

Inhalt

Chakra-Qi-Gong verschafft uns einen völlig neuen Zugang zu unserem Körper.

Viele Alltagsbeschwerden lassen sich durch regelmäßige Chakra-Qi-Gong-Übungen lindern.

Die Lebensenergie des Menschen

In einem ausgeglichenen Leben beeinflussen sich Geist, Körper und die Natur. Wenn du nur eines vernachlässigst, vernachlässigst du alles.

Li Wus Meister aus dem Shaolin-Kloster

Um gesund und leistungsfähig zu bleiben, um gelassen und entspannt mit den Belastungen des Alltags umzugehen und ganz allgemein etwas für ihr Wohlbefinden zu tun, setzen viele Menschen heute mit großem Erfolg auf sanfte Methoden und alternative Heilweisen. Alternativ nennt man diese, weil sie neben unserer klassischen Schul- und Apparatemedizin eine andere Möglichkeit zur Gesundheitsvorsorge und -pflege darstellen. Oft gehen diese Gesundheitslehren ungewöhnliche Therapiewege, die auch damit zusammenhängen, dass sie den Menschen anders betrachten, als wir es aus der klassischen Schulmedizin gewohnt sind. Insbesondere die indische und die Traditionelle Chinesische Medizin (TCM) sehen uns Menschen als Wesen an, deren Zustand und Lebenskraft maßgeblich durch die Energie beeinflusst wird, das sogenannte *Prana* (Indien) oder *Qi* (China), die in ihnen fließt.

Die Arbeit mit der Lebensenergie

Die wichtigsten Gesundheitskonzepte, die sich mit dieser Energie und ihren Sammelpunkten im menschlichen Körper befassen, den *Chakras*, stammen aus dem Fernen Osten. So widmet sich die TCM ganz dem Studium des Qi und der Frage, wie es im Fluss gehalten werden kann.

Die Traditionelle Chinesische Medizin ist mit 2500 Jahren wesentlich älter als die Chinesische Mauer.

Schon Jahrtausende, bevor sich in Europa die medizinischen Wissenschaften entwickelten, erdachten im alten China Philosophen und Ärzte Konzepte, die die Energie des Menschen mit der Energie seines Umfelds, der Natur und des gesamten Kosmos in Beziehung zueinander setzen. So zirkuliert in jedem Körper das Qi, die Lebensenergie, durch unsichtbare Kanäle, die *Meridiane*, und sammelt sich dabei an bestimmten Energiezentren und Knotenpunkten, den Chakras. Solange wir leben, fließt in jedem Teil unseres Körpers Qi. Fließt es frei und ohne Blockaden, fühlen

wir uns verbunden mit dem Ganzen. Wir sind gesund, widerstandsfähig und haben eine selbstbewusste, gelassene Ausstrahlung. Sind wir jedoch energetisch unterversorgt oder es herrscht ein Überschuss an Qi, reagieren wir körperlich und seelisch mit Krankheiten.

Um gesund zu bleiben, unser Immunsystem zu stärken und zugleich eine jugendlich-frische Ausstrahlung zu bewahren, empfiehlt die TCM ein Leben in natürlichen Rhythmen. Insbesondere die ganzheitlich wirkenden Meditations- und Bewegungsübungen Qi-Gong und Tai Ji Quan bieten jedem Menschen die Möglichkeit, den Fluss des Qi in seinen Energiezentren anzuregen oder zu harmonisieren.

Qi-Gong können Sie von einem guten Lehrer überall lernen.

Das Chakra-Qi und unsere Gesundheit

Über den Körper verteilt gibt es neben einer Vielzahl kleinerer Chakras sieben große Kraftzentren, in denen konzentriertes Qi kreist. Sie haben unterschiedliche Wirkungsbereiche und Aufgaben. Jeder Mensch kann die Ansammlung von Energie an diesen energetischen Sammelpunkten spüren. Wir erkennen sie auf der Gefühlsebene, wenn wir »etwas auf dem Herzen« oder »einen Kloß im Hals« haben. Auf der körperlichen Ebene können sich Blockaden oder einseitige Betonungen in Schwächezuständen oder echten Krankheitssymptomen bemerkbar machen. Auf den folgenden Seiten erklären wir das Konzept des Qi und der Chakras. Wir zeigen, wie Sie mit einfachen Anwendungen und Übungen den Energiefluss harmonisieren können, um gesund zu bleiben, Ihre Abwehr zu stärken und sich geistig wach fühlen. Ein Test hilft Ihnen, Ihren Chakra-Typ zu bestimmen sowie Chakra-Schwächen zu erkennen. Im Anschluss finden Sie Qi-Gong-Übungen, Heilpflanzenempfehlungen, viele Ernährungsvorschläge sowie eine Auswahl wohltuender Anwendungen.

Mit den Qi-Gong-Übungen aus diesem Buch können Sie spielend einfach an Ihre Energien gelangen, ihren Fluss in den Chakras anregen und sich so körperlich und seelisch ausbalancieren.

Das Energiesystem des Menschen

Krankheitsvorbeugung spielt in der Traditionellen Chinesischen Medizin (TCM) eine zentrale Rolle. Dabei gehören nicht nur ausgefeilte Heilmethoden ins Repertoire, sondern auch Empfehlungen zu einer gesunden Lebensführung sowie die Entwicklung einer positiven Geisteshaltung. Alles basiert auf dem Kräftegleichgewicht von Yin und Yang, dem gleichmäßigen Fluss von Qi sowie dem Erkennen von Energieblockaden im Körper. Ihre Eigeninitiative ist dabei gefragt, denn eine Vielzahl der TCM-Anwendungen lassen sich auch zu Hause durchführen und fördern so Ihre Lebensqualität und die Ihrer Familie.

Yin und Yang

In der Traditionellen Chinesischen Medizin (TCM) teilt man alle lebendigen Erscheinungen den beiden Prinzipien Yin und Yang zu. Diese Pole sind in sich gegensätzlich, gehen jedoch immer fließend ineinander über und wieder auseinander hervor. Alle natürlichen Phänomene sind auf diese Weise miteinander verbunden und doch im Wandel: Der Ebbe folgt die Flut, auf die Nacht folgt der Tag und auf den Winter der Frühling. Die Idee von Yin und Yang wird zum ersten Mal in dem berühmten »Buch der Wandlungen«, dem »I Ging« aus dem 11. Jahrhundert v. Chr. erwähnt.

Eine daoistische Weisheit besagt: »Wenn der Geist und die Seele ruhig sind, sind Yin und Yang in Harmonie.«

Die Art der Weltbetrachtung, aus der dieses gedankliche Konzept hervorgegangen ist, ist modernem Denken fremd. Beide Grundkräfte zeigen in ihrem Wechselspiel die Weltordnung, im Kosmos, in jedem Wesen und so auch im Menschen. So betrachtet erscheint keines von beiden als wichtiger oder gar moralisch überlegen. Jedes Ding, jede Substanz sowie alles Geistige hat stets zwei Seiten: einen Yin- und einen Yang-Aspekt. Keines kann nur das eine oder das andere sein, und jedes begründet das andere.

Das Wechselspiel von Yin und Yang

Wenn wir das Wechselspiel von Yin und Yang in der Natur erkennen, spüren wir uns als ein Teil des Ganzen. Symbolisiert wird die Harmonie der beiden Pole in dem sogenannten Tai Ji (Abbildung auf dieser Seite): Der Kreis dieses Symbols steht für die Vollkommenheit, die von Yin und Yang ausgefüllt wird. Dabei sieht man, dass im dunklen Yin auch helles Yang enthalten ist und umgekehrt. Das dynamische Ineinanderfließen der beiden wird durch eine geschwungene Linie verdeutlicht.

Yin und seine Entsprechungen

Yin bezeichnet im I Ging die kältere Nordseite eines Berges und das beschattete Südufer eines Flusses bzw. die dunklere, kühlere Südseite eines Tales. Es steht für die Eigenschaften weiblich, sanft, dauerhaft und dunkel, für Erstarrung und Stille, für Kälte und Nacht,

für Erde und Wasser, für Herbst und Winter, für Passivität und Leere, für Altern und Tod.
In der daoistischen Philosophie findet man eine deutliche Bevorzugung des Yin: Sie betont immer wieder, dass das Weiche (Yin) das Harte (Yang) besiegt.

Die chinesische Heilkunst stellt immer einen Zusammenhang zwischen körperlichen Beschwerden, Persönlichkeit und Lebenssituation des Kranken her. Inzwischen hat auch die westliche Schulmedizin die Vorteile ganzheitlicher Behandlungsmethoden bei den unterschiedlichsten Krankheitsbildern erkannt.

Im Körper entsprechen unsere Vorderseite und die Knochen dem Yin. Yin-Organe sind stabil und verantwortlich für das Herstellen, Umwandeln, Regulieren, Speichern und Kontrollieren. Zum Yin-Körper gehört die untere sowie die rechte Körperhälfte, alle inneren Körperteile, alle Organe, die Haut und die Knochen. Zu den Yin-Störungen zählen zum Beispiel niedriger Blutdruck, Müdigkeit und Schwäche sowie Unterleibsbeschwerden.

Yang und seine Entsprechungen

Yang bezeichnet die wärmere Südseite eines Berges und ein besonntes nördliches Flussufer bzw. die hellere Nordseite eines Tales. Es verkörpert die Eigenschaften männlich, schnell, kräftig und hell. Es steht für Verwandelndes und Feuer, Himmel und Sonne, Wärme und Tag, Frühling und Sommer, Fülle und Aktivität, Aufwärtsbewegungen, ein heiteres Gemüt, Wind, Jugend und Wachstum.
Im Konfuzianismus wird dem Yang ein klarer Vorrang eingeräumt, was sich in der patriarchalen Grundhaltung dieser Religion und ihrer deutlichen Betonung des Vorrangs des Älteren gegenüber dem Jüngeren äußert.
Körperliche Entsprechungen des Yang finden sich im oberen Körperabschnitt, der hinteren Körperseite, der linken Körperhälfte, der Außenseite und den äußeren Körperteilen sowie den Hohlorganen, Sehnen und Knorpeln. Yang-Organe empfangen, transportieren und verteilen die Energie im Körper. Zu den Yang-Störungen gehören beispielsweise hoher Blutdruck, Entzündungen, Überaktivität und Reizbarkeit.
Ziel jeder Behandlung in der Traditionellen Chinesischen Medizin ist der Ausgleich von Yin und Yang. Denn ein Mensch kann erst dann gesund sein, wenn die beiden Grundkräfte Yin und Yang in seinem Körper im Einklang sind und das Qi ungehindert fließen kann.

Wasser zählt zu den fünf Elementen der traditionellen chinesischen Fünf-Phasen-Theorie.

Die Fünf-Elemente-Lehre

Im 2. Jahrhundert v. Chr. fanden die naturgesetzlichen Grundlagen der TCM eine wesentliche Erweiterung: Dabei wurde die Yin- und-Yang-Idee mit der sogenannten Fünf-Phasen- oder Fünf-Elemente-Theorie in einem Ideensystem zusammengefasst. Zusammen bilden beide Ordnungssysteme die Basis für die chinesische Heilkunde und die Arbeit jedes in TCM geschulten Arztes.

Die Fünf-Elemente-Theorie gründet auf dem stetigen Kreislauf der fünf Elemente Wasser, Holz, Feuer, Erde und Metall, in dem sie sich gegenseitig erzeugen: So lässt das Wasser die Pflanzen gedeihen und erzeugt auf diese Weise Holz. Aus Holz kann Feuer entstehen. Feuer wiederum erzeugt Asche und damit Erde. In der Erde entstehen Metalle; sie sammeln hier wieder Wasser, womit sich der Lebenskreislauf schließt.

Die Zahl 5 gilt im Chinesischen als die Zahl des Lebens und setzt sich aus der Yin-Zahl 2, der Zahl der Erde, sowie der Yang-Zahl 3, der Zahl des Himmels, zusammen.

Die fünf Elemente befinden sich in einem ständigen Prozess der Wandlung und spielen bei allen Veränderungs- und Entwicklungsprozessen eine Rolle, so zum Beispiel in den verschiedenen Lebensphasen des Menschen, aber auch bei der Entstehung von Krankheiten. In einem gesunden Körper kontrollieren sich die fünf Elemente gegenseitig. Denn für alle fünf Elemente gibt es wie bei Yin und Yang eine Vielzahl von Entsprechungen, die von Himmelsrichtungen und Jahreszeiten über Farben, Gerüche, Gefühle, Lebens- und Entwicklungsphasen bis hin zu Organzuordnungen reichen.

Die fünf Wandlungsphasen

Wir können hier einen Ernährungs- und Hervorbringerzyklus beobachten: Ein Element bringt immer das andere hervor. So nährt das Holz (Organentsprechung: Leber) das Feuer (Herz). Dieses nährt die Erde (Magen/Milz). Erde versorgt Metall (Lunge) und Metall sammelt Wasser (Nieren). Das Wasser wiederum nährt das Holz. Auf das Organsystem des Menschen übertragen bedeutet dies, dass sich alle Organe im besten Fall, sofern das Qi ungehindert fließt, gegenseitig unterstützen und günstig beeinflussen.

Der Kontroll- und Überwindungszyklus

Das Element Holz entspricht in der Organlehre der Leber.

Die fünf Elemente unterstützen sich nicht nur, sie kontrollieren und überwinden sich auch, um so eine Balance zu schaffen.
So kontrolliert das Holz die Erde, denn ein Holzpflug zerteilt den Ackerboden. Die Erde kontrolliert das Wasser, denn ein Deich hält

das Meer zurück. Wasser kontrolliert das Feuer, indem es löscht. Feuer kontrolliert Metall, weil es dieses zum Schmelzen bringt, und Metall kontrolliert das Holz, wenn eine Axt dieses spaltet.

Dieser Kreislauf lässt sich auch auf die Gefühlsebene übertragen: So kontrolliert die Wut (Holz) das Nachdenken (Erde), das Nachdenken die Angst (Wasser), die Angst die Freude (Feuer), die Freude die Trauer (Metall) und die Trauer die Wut.

Das Element Erde entspricht auf der Gefühlsebene der Fünf-Elemente-Lehre dem Nachdenken.

Der Überwältigungszyklus

Bei diesem Zyklus geht es darum, dass kein Element überhandnimmt. In diesem Fall wird eine Wandlungsphase bzw. ein Element übermächtig und durch ein anderes in seine Schranken verwiesen. Um bei unserem Beispiel zu bleiben, überwältigt die Erde das Holz, wenn der Pflug zerbricht. Oder das Holz überwältigt das Metall, wenn die Axt zerbricht. Metall überwältigt das Feuer, wenn es dieses erstickt. Feuer wird stärker als Wasser, wenn dieses nicht ausreicht, und Wasser überwältigt die Erde, wenn es den Deich bricht.

Mittels der fünf Wandlungsphasen lässt sich erkennen, wie der Körper durch die Wechselwirkung gesund bleiben und wie er durch eine Störung außer Kontrolle geraten kann. Dann kommt es zu seelischen oder körperlichen Beschwerden.

So greift zu viel Feuer in der Leber (Holz) auf die Lunge (Metall) über. Dieses wandert weiter ins Herz (Feuer) und lässt das Wasser der Nieren austrocknen. Daraufhin trocknet die Erde (Magen/Milz) aus, und das Holz (Leber) kann nicht mehr seine Aufgabe erfüllen. In diesem Fall wird das Qi an seinem Fluss gehindert oder im schlimmsten Fall sogar zum Stillstand gebracht.

Die Theorie der fünf Wandlungsphasen ist daher für jeden TCM-Arzt ein wertvolles Hilfsmittel, um eine Krankheit und ihren Verlauf richtig einzuschätzen.

Lebensenergie im Fluss

Der Mensch lebt inmitten von Qi, und das Qi erfüllt den Menschen. Alles bedarf des Qi, um zu leben.

Aus dem China des 4. Jahrhunderts v. Chr.

Die Beschaffenheit des menschlichen Körpers und die Funktionsweise der Organe bilden die Grundpfeiler der westlichen Schulmedizin. In der TCM misst man diesen Aspekten des Seins kaum oder nur wenig Bedeutung zu. Ihre Heilerfolge beruhen auf der Beobachtung von Körperreaktionen und der Deutung von Körpererfahrungen. Selbstverständlich sind in der chinesischen Medizin die Grundlagen der Anatomie, Chirurgie und der Inneren Medizin bekannt. Doch werden sie anders genutzt.

Der menschliche Körper besteht aus Sicht eines TCM-Arztes aus fünf Grundsubstanzen. Das sind das Qi (die Lebensenergie), Xue (das Blut), Jing (die Vitalessenz), Shen (die Vitalität) und Jiin-Ye (die Säfte). Diese Substanzen stehen stellvertretend für den natürlichen Lauf von Yin und Yang.

Auf der Ergründung des Qi ruht die gesamte chinesische Heilkunst. Dennoch sind auch die anderen vier Grundsubstanzen bedeutsam. Zusammen mit dem Qi bezeichnet man z.B. Jing und Shen als »die drei Schätze«.

Jing – die Vitalessenz

Die Vitalessenz Jing stammt aus zwei verschiedenen Quellen: Das vorgeburtliche Jing ererbt man aus der Natur und von seinen Eltern. Bei der Empfängnis verschmelzen die elterlichen Essenzen und schaffen so eine neue, einzigartige Essenz, die Persönlichkeit, Konstitution und die Art des Wachsens des neuen Lebens bestimmen.

Das nachgeburtliche Jing stammt aus allem, was wir mit unserer Nahrung zu uns nehmen, und stärkt (oder schwächt) somit im Laufe des Lebens das vorgeburtliche Jing.

Aus Jing geht Qi hervor. Qi verkörpert dabei das aktive und bewegliche Potenzial. Die Vitalessenz hingegen ist eine flüssigkeitsähnliche Substanz und gewissermaßen eine Art Grundstoff, der im Kosmos und im Menschen Leben entstehen lässt. Jing ist ruhig, feucht, dunkel und entspricht dem Yin, Qi hingegen dem Yang. Jing lässt wachsen und werden, es nährt und ist die Grundlage für jede Entwicklung. Jing ist für unserem Körper nur begrenzt verfügbar.

Shen – der Geist

In der TCM gilt Shen als die einzige Substanz, die im Kosmos nur im Menschen zu finden ist. Nach der chinesischen Lehre des Dao entstand Shen durch die Verschmelzung des Jing mit der Urenergie. Zum Shen gehört sowohl das sogenannte Jedermannsbewusstsein als auch das spirituelle Bewusstsein.

Das Jedermannsbewusstsein besitzt man von Geburt an, und es wächst mit dem Heranreifen und Älterwerden. Es beruht auf unseren Wahrnehmungen, unseren Gedanken und Gefühlen. Man erkennt es an der Kraft einer Persönlichkeit und der Fähigkeit des Denkens. Das spirituelle Bewusstsein hingegen besitzt man schon vor der Geburt. Es wird jedoch vom Jedermannsbewusstsein überdeckt und kann nur durch meditative Versenkung wiedergewonnen werden.

Das Shen wird durch seine aktivierende Kraft den Yang-Substanzen zugerechnet. Es wird ähnlich wie das Jing von den Eltern an ihre Kinder vererbt. Aber auch nach der Geburt kann der Shen-Vorrat durch Meditieren ständig ergänzt und im Gleichgewicht gehalten

Das Qi ist nach chinesischer Vorstellung eine formlose Substanz, die das ganze Universum erfüllt, also auch den Weltraum.

Shen ist die Bewusstheit, die aus unseren Augen scheint, wenn wir wahrhaft wach sind.

Chinesisches Sprichwort

werden. Eine Shen-Störung drückt sich unter anderem in zögerlichem Reagieren, Vergesslichkeit, Langsamkeit und der Unfähigkeit, Entscheidungen zu fällen, aus. Das Denken erscheint unklar, und die Augen werden stumpf.
Im Extremfall kann eine Shen-Disharmonie zum Verlust des Verstandes führen.

In einer alten Überlieferung heißt es: »Qi ist der Befehlshaber des Blutes. Das Blut ist die Mutter von Qi.« Das ist ein perfektes Beispiel dafür, wie das Prinzip von Yin (Blut) und Yang (Herz) praktisch funktioniert.

Xue – das Blut

Das chinesische Xue für Blut entspricht auch unseren Vorstellungen von dieser Substanz. Allerdings wird die Funktion des Blutes in der TCM ganz anders verstanden als in der westlichen Schulmedizin: Das Blut fließt nach chinesischer Ansicht nicht nur in den Blutgefäßen, sondern auch in den Meridianen, denn zwischen diesen beiden Leitbahnen wird nicht so streng unterschieden wie bei uns. Es kommt auch nicht so sehr darauf an, wie und wohin genau das Blut fließt, sondern welche Dinge es im Körper bewirkt. Seine wichtigste Aufgabe ist natürlich die ständige Zirkulation, um die verschiedensten Organe zu nähren, zu bewahren und zu befeuchten. Als Flüssigkeit wird es den Yin-Substanzen zugeordnet.
Xue wird durch die Umwandlung von Nahrung gebildet. Erst nach der Umwandlung in komplizierten Prozessen wird Xue vom Herz-Qi dann zusammen mit dem Atem-Qi durch den Körper geleitet. Qi und Blut sind untrennbar miteinander verbunden und voneinander abhängig.
Die drei Organe Herz, Milz und Leber sind für Xue besonders wichtig. Das Herz hat die Aufgabe, den beständigen und gleichmäßigen Kreislauf des Blutes in Gang zu halten. Die Leber kontrolliert, filtert und speichert das Blut, und die Milz hält es in seinen Bahnen. Blutmangel oder Blutstau sind zwei typische Störungen von Xue.

Jiin-Ye – die Säfte

Sie stehen in der Hierarchie der Grundsubstanzen an letzter Stelle. Zu den Säften gehören außer dem Blut alle Flüssigkeiten im Körper, also Schweiß, Urin und Verdauungssäfte. Sie gehören zu den Yin-Substanzen.

Jiin-Ye gewinnen wir aus der Nahrung. Es befeuchtet und nährt Knochen, Muskeln und Gelenke, aber auch die inneren Organe und die Schleimhäute. Ist der Säftehaushalt gestört oder blockiert, bemerken wir dies an dem Trockenheitsgefühl von Haut, Lippen oder auch Augen.

Qi – die Lebensenergie

Wenn wir Qi mit »Lebensenergie« übersetzen, ist das ganz genau genommen nicht richtig. Denn bei Qi handelt es sich weder um Energie noch um Materie. Es ist vielmehr eine Art formloser Substanz, die das ganze Universum erfüllt und nur intuitiv erfassbar ist. Die gesamte chinesische Heilkunst gründet auf dem Studium des Qi.

Die Quellen des Qi

Das Ursprungs-Qi wird bei der Empfängnis von Himmel, Erde und den Eltern auf das neue Leben übertragen. Es wird in den Nieren gespeichert. Im Allgemeinen versteht man darunter auch die Konstitution eines Menschen.
In den frühesten Entwicklungsstadien des Fötus, während er um den Nabelpunkt der Mutter heranwächst, wirkt das Qi am stärksten. Deshalb ist der Chakra-Punkt oder Dan Tian unterhalb des Nabels der Ausgangspunkt des Qi. Hier zirkuliert die meiste Energie.
Das Nahrungs-Qi stammt aus der verstoffwechselten Nahrung.
Das Luft- oder Atem-Qi entstammt aus der Atemluft.
Unser Wohlbefinden hängt also ganz stark von unserer Lebensführung, der Ernährungsqualität und der Atmung ab.

Die große Rolle, die Beobachtungsgabe und Intuition in der chinesischen Heilkunde spielen, zeigt sich in den Diagnoseverfahren: Während die Schulmedizin sich bei ihren Diagnosen weitgehend auf Laboruntersuchungen und Gerätemessungen stützt, nehmen Mediziner der TCM ausführliche Beurteilungen von Puls, Zunge und Allgemeinzustand des Patienten vor.

Die Wirkung des Qi

Vom gedanklichen Konzept vergleichbar ist das Qi dem indischen Prana (vom Sanskritwort für Atem, Energie, Lebenskraft). Prana durchdringt alles, was ist, und erfüllt es mit Leben. Am ehesten begreift man Prana oder Qi – das wir als Lebensenergie bezeichnen, da diese Definition seinem Wesen aus unserer Weltsicht am nächsten kommt – als eine Kraft, die lebendig macht, die bewegt und auf der körperlichen Ebene alle Funktionen versorgt.

Alkohol und Nikotin stören den freien Fluss des Qi. Seien Sie sehr vorsichtig und maßvoll beim Konsum dieser »Genussgifte«.

Seine Hauptwirkweisen:

- Qi wandelt alles im Körper um und ist so gesehen die Quelle für alle Stoffwechselprozesse.
- Qi schützt die Körpersubstanzen und Organe.
- Qi wärmt den Körper.
- Qi bewegt alles im Körper und hängt unmittelbar mit Bewegung und Veränderung zusammen: Gehen und Laufen, Atmen und Essen, Denken, Reifen und Altern.
- Qi schützt den Körper und bekämpft schädliche Einflüsse. Wenn es dazu nicht mehr in der Lage ist, zeigt dies eine Qi-Schwäche.

Das Qi ist eine Yang-Substanz und lässt sich anregen und harmonisieren durch eine ausgewogene Lebensweise und einen strukturierten Alltag, durch tägliche Naturerlebnisse, regelmäßige Meditation oder meditative Körperübungen wie Qi-Gong oder Tai Ji Quan, durch die Reduktion von Alkohol, Nikotin und Zucker und durch innere Gelassenheit.

Die verschiedenen Arten des Qi

Qi fließt in Ihnen und Ihrer Umgebung Tag und Nacht und beeinflusst so Ihr Wohlbefinden, Ihre Gefühlswelt und Ihr Denken. Ihr inneres Qi können Sie durch Atmung, Ernährung und Meditation beeinflussen. Das äußere Qi wird von den Jahreszeiten und den klimatischen Bedingungen in unserer Umgebung beeinflusst und wirkt so auf uns zurück.

Die verschiedenen Arten sind:

Dichtes Qi Wenn das Qi an bestimmten Körperstellen zu dicht ist, kommt es zu Verspannungen. Bei hohem Luftdruck, bei Stress oder wenn wir wütend sind, staut sich Qi. So kommt es beispielsweise zu Kopf- oder Nackenschmerzen.

Schwaches Qi Sind manche Körperpartien mit Qi unterversorgt, so fühlen Sie sich matt und lethargisch. Sie kommen nicht auf die Beine, fühlen sich kalt oder niedergeschlagen.

Schnelles Qi Schnell fließendes Qi erfüllt Sie mit Kraft. Schlechte Laune löst sich umgehend in Luft auf. Fließt es allerdings zu schnell, macht dies nervös und flatterhaft.

Langsames Qi Ein langsam fließendes Qi fördert die Fähigkeit zur Versenkung und Besinnung. Fließt es jedoch zu langsam, so hat man Mühe, neue Wege zu beschreiten, und neigt dazu, sich von seiner Umwelt abzuschließen.

Aufsteigendes Qi Im Frühling und morgens, wenn wir ausgeschlafen sind, steigt das Qi im Körper an. Wir fühlen uns kraftvoll und energiegeladen.

Absteigendes Qi Im Herbst und am Nachmittag sinkt das Qi. Wir fühlen uns geerdet und ruhig. Sinkt es zu stark, werden wir müde.

Nach außen fließendes Qi Wut und starke Gefühle dringen über das innere Qi nach außen und verschaffen uns eine dominante oder aggressive Ausstrahlung. Dabei geht viel Kraft verloren.

Nach innen fließendes Qi Nach innen wandert das Qi, sobald wir uns konzentrieren oder meditieren. Wer sich zu sehr auf sein inneres Qi besinnt, läuft allerdings Gefahr, den Kontakt nach außen zu verlieren.

»Eine bereits ausgebrochene Krankheit ist, als ob man einen Brunnen zu graben begänne, wenn man Durst bekommt.«

Chi Po, Hofarzt des Gelben Kaisers vor über 4000 Jahren

Das Meridiansystem

Qi strömt durch unsichtbare Leitbahnen (Meridiane) und Qi-Zentren (Dan Tians und Chakras) in unserem Körper. Fließt es ungehindert und frei, so sind wir gesund und im Gleichgewicht. Herrscht ein Mangel an Qi, so ist dies ein Yin-Zustand, der sich durch Schwächegefühle, Phlegma und eine verstärkte Krankheitsanfälligkeit bemerkbar macht.

Das System der Leitbahnen oder Meridiane transportiert nach chinesischer Sichtweise sowohl Blut als auch die Lebensenergie Qi durch den Körper. Trotzdem kann man es weder mit den Blutbahnen noch mit dem Nervensystem gleichsetzen. Die Meridiane sind unsichtbar und gleichzeitig eine körperliche Realität.

Neben den sichtbaren Leitbahnen im Körper, den Venen und Arterien, erfassten die chinesischen Ärzte schon vor Jahrtausenden unsichtbare Leitlinien im Körper. Dieses Kanalnetz durchzieht den ganzen Körper, verbindet Organe und Grundsubstanzen und sichert den Kreislauf von Blut und Qi im Körper. Diese Meridiane sind zwar anatomisch nicht genau lokalisierbar, aber durchaus spürbar. Sie wurden durch sorgfältige Körperbeobachtung entdeckt. Es gibt bestimmte Orte im Körper, in denen sich das Qi bevorzugt sammelt. Man nennt diese Orte Speicherorte oder Energiezentren (Chakras). Werden diese Energiezentren stimuliert, so regt man die Aufnahme und Umwandlung von Qi an und stärkt zugleich die Qi- und Xue-Zirkulation im Körper.

Dan Tians – die Energiezentren

Neben den Chakras bzw. bestimmten Knotenpunkten, an denen sich Qi sammelt, haben in der TCM drei Energiezentren eine besondere Bedeutung. Sie entsprechen drei bestimmten Chakra-Punkten, wie Sie ab Seite 31 sehen werden. Deshalb wird diesen Dan Tians auch im Chakra-Qi-Gong besondere Aufmerksamkeit geschenkt:

Das obere Dan Tian befindet sich zwischen den Augenbrauen. Dieses »dritte Auge« beeinflusst die Geistesfunktionen. Es entfaltet allerdings erst dann seine positive Wirkung, wenn sich die Energien im mittleren und unteren Dan Tian in Harmonie befinden. Dieses Dan Tian entspricht dem Stirn-Chakra. In der TCM ist das der Yin-Tang-Punkt (→ Seite 108).

Das mittlere Dan Tian befindet sich im Bauchraum unterhalb des Nabels. Hier entspringen drei wichtige Meridiane: Das Konzeptionsgefäß (kontrolliert Yin); das Lenkergefäß (kontrolliert Yang) und

Chong Mai, der See des Blutes (regelt die Konzentrationsfähigkeit und wirkt auf Milz und Magen). Dieser Dan Tian entspricht dem Sakral-Chakra und heißt in der TCM Xia-Dan-Tian.

Die Lebensenergie Qi fließt in den Meridianen – fast so wie Strom in der Leitung.

Das untere Dan Tian befindet sich auf dem Meridian des Konzeptionsgefäßes, auf dem Vereinigungspunkt des Yin. Diese Leitbahn liegt auf der Linie zwischen dem Anus und den Genitalien sowie auf dem Nierenmeridian auf dem vorderen Drittel der Fußsohle. Der untere Dan Tian wirkt auf Herz und Nieren und im positiven Fall auf die innere Ruhe und Festigkeit. Dieser Dan Tian entspricht dem Wurzel-Chakra und heißt in der TCM Hui-Yon.

Die anderen zentralen Chakra-Punkte und ihre genaue Position im Körper und auf den Meridianen finden Sie auf Seite 108. Das Wissen um die Verortung der Chakra-Punkte ist deshalb so bedeutsam, weil Sie bei den Übungen diese Punkte visualisieren sollen, um die Energie in den jeweiligen Chakras anzuregen.

Die 14 großen Leitbahnen

Eine Störung in einem Meridian kann durch verschiedene Ursachen bedingt sein. Eine Verletzung, ein Sturz oder eine Operation können genauso eine Leitbahn blockieren wie seelischen Belastungen. Tritt eine Störung auf, kommt es zu einem Ungleichgewicht im Körper, das sich an irgendeinem Ort des Meridians in Form von Schmerzen oder Unwohlsein zeigt. Beeinflussen können wir die Meridiane durch Druck (Massage oder Akupressur), Nadelung (Akupunktur), durch Wärme (Bäder) sowie atem- und körpertherapeutische Übungen wie Qi-Gong oder Tai Ji Quan.

Die positive Wirkung von Akupunktur ist mittlerweile unstrittig belegt. Einige Krankenkassen übernehmen sogar die Kosten einer Behandlung bei bestimmten Beschwerdebildern.

Zwölf Hauptleitkanäle, denen jeweils zwölf Organe zugeordnet sind, bilden das Meridiansystem. Neben den Hauptleitbahnen gibt es acht weitere Bahnen, die organunabhängig arbeiten. An den Händen und Füßen befinden sich jeweils die Anfangs- oder Endpunkte der Hauptleitbahnen.

Bereits die ersten Chinareisenden aus dem Westen, die das Land im frühen Mittelalter besuchten, berichten von der Akupunktur und ihren Heilerfolgen. Die ihnen äußerst exotisch erscheinende Behandlungsweise mit den feinen Nadeln erregte großes Interesse. Mit der Konzentration auf die Weiterentwicklung naturwissenschaftlicher Methoden ab Mitte des 19. Jahrhunderts geriet diese östliche Heilweise jedoch bis fast zum Ende des 20. Jahrhunderts völlig aus dem Blickfeld der westlichen Medizin.

Ist in den Leitbahnen zu wenig Qi vorhanden, so führen Sondermeridiane – das sind die acht organunabhängigen Leitbahnen – Qi zu. Ist ein Überschuss an Qi spürbar, so sorgen die Sondermeridiane ebenfalls für einen Ausgleich. Als besonders bedeutsam gelten das Lenker- und das Dienergefäß. Ihre sogenannten Reizpunkte liegen nicht auf einer der zwölf Hauptleitbahnen, während sich die anderen Sondermeridiane alle mit den Hauptmeridianen kreuzen. Die zwölf Hauptmeridiane zusammen mit dem Lenker- und dem Dienergefäß nennt man die 14 großen Leitbahnen.

YIN- UND YANG-MERIDIANE

- **Yin-Meridiane**
  - Meridianursprung in der Hand: Lungenmeridian (Tai Yin), Kreislauf-Sexualität-Meridian (Jue Yin), Herzmeridian (Shao Yin)
  - Meridianursprung im Fuß: Milz-Pankreas-Meridian (Tai Yin), Lebermeridian (Jue Yin), Nierenmeridian (Shao Yin)
- **Yang-Meridiane**
  - Meridianursprung in der Hand: Dickdarmmeridian (Yang Ming), Dreifacher-Erwärmer-Meridian (Shao Yang), Dünndarmmeridian (Tai Yang)
  - Meridianursprung im Fuß: Magenmeridian (Yang Ming), Gallenblasenmeridian (Shao Yang), Blasenmeridian (Tai Yang)

Akupunktur und Akupressur

Eine Besonderheit der Meridianbehandlung stellen die Akupunktur und die Akupressur dar. Auf den Meridianen befinden sich bestimmte Reiz- bzw. Akupunkturpunkte. Diese sind oft druck- oder schmerzempfindlicher als andere Körperstellen oder liegen an auffälligeren Positionen wie etwa auf Knochenvorsprüngen oder in Hautfalten. Durch diese Durchtrittspforten kann ein geschulter TCM-Arzt alle Substanzen beeinflussen, die durch die Meridiane strömen. Jeder Punkt entfaltet dabei eine klar umrissene heilsame Wirkung. Bei einer Akupunkturbehandlung wird nie nur ein Punkt behandelt, sondern eine bestimmte Kombination. Zählt man alle Akupunkturpunkte zusammen, kommt man auf etwa 2000.

Die Chakra-Lehre

Die Chakra-Lehre stammt aus den Überlieferungen der indischen Tantra-Medizin und dem Hatha-Yoga. Doch gibt es Chakras in Form von Lebensenergiezentren oder Verbindungsstellen für Energien auch in anderen Heilkunden aus dem asiatischen Raum. Dort werden die Chakras ebenfalls zur Diagnose und zur Therapie von körperlichen, geistigen und seelischen Störungen genutzt.

Die Energiezentren können zum einen bestimmten Organen oder Organgruppen zugeordnet werden, zum anderen bestimmen sie, wie wir unsere Persönlichkeit in den verschiedenen Ebenen des Daseins entfalten, und zeigen so unseren individuellen Entwicklungsstand, unsere Stärken und unsere Schwachpunkte.

In Verbindung mit der TCM betrachten wir die Chakras als Sammelpunkte von Qi, für die dieselben naturgesetzlichen Grundlagen von Yin und Yang und der Fünf-Elemente-Lehre gültig sind. Von der Basis der Wirbelsäule in Richtung Kopf sind die – ebenso wie die Meridiane – anatomisch nicht wahrnehmbaren Chakras verteilt und werden jeweils den elementaren Wahrnehmungen von Erde, Wasser, Feuer, Luft, Raum, Liebe und Kreativität, aber auch verschiedenen Körperstellen, Organen, Drüsen sowie unterschiedlichen universellen Qualitäten des menschlichen Lebens zugeordnet.

In einem gesunden Körper fließt das Qi ungehindert und frei. Das Qi ist wie das Wasser in einem Bach. Ist der Bach voll Wasser und fließt es ungehindert, ist man gesund. Jeder Überfluss oder Mangel an Qi verursacht Krankheiten – so wie ein Bach Verwüstungen anrichtet, wenn er über seine Ufer tritt, oder Erde und Pflanzen verdorren lässt, wenn er zu wenig Wasser hat.

Li Wus Meister aus dem Shaolin-Kloster

Sammelpunkte von Qi

Die Chakras kann man verstehen als erweiterte Durchtritts- oder Reizstellen, an denen Energie kreist und an denen wir auch konzentriert Energie von außen aufnehmen können. In den alten Schriften wurden die Chakras oft als trichterförmige Blüten beschrieben, weshalb man im alten Indien die Chakras ursprünglich als Lotusblüten darstellte.

Chakras sind also Energiezentren, in denen das Qi gesammelt, umgewandelt und für körperliche sowie seelisch-geistige Prozesse zur Verfügung gestellt wird. Über die 14 Meridiane werden alle sieben Haupt-Chakras miteinander verbunden.

Am bedeutsamsten ist der Fluss des Qi über die mittlere Leitbahn, die die übrigen Meridiane kreuzt. Unten setzt sie über das Wurzel-

Die Chakrenlehre hat ihren Ursprung in den Hochkulturen des alten Indien.

Chakra Energie frei, oben über das Kronen-Chakra. Ebenso nehmen wir über das Wurzel-Chakra Energie von der Erde (Yin) auf und verbinden uns mit ihr. Über das Kronen-Chakra nehmen wir Qi aus dem Himmel (Yang) auf, das uns mit dem Universum verbindet. Wenn wir aufrecht stehen und mit den Füßen gut auf dem Erdboden verankert sind, können wir uns wie ein Bindeglied zwischen dem Himmels- und dem Erd-Qi fühlen.

Der Begriff »Chakra« stammt aus dem Sanskrit, der altindischen Hochsprache, und bedeutet Kreis, Rad oder Wirbel.

In jedem Chakra begegnen sich aufwärts strebendes Erd-Qi und abwärts strömendes Himmels-Qi. Auf diese Weise kommen die Energiewirbel zustande. In den Philosophien des Ostens symbolisieren diese beiden sich mischenden und damit Leben spendenden Energieströme natürlich Yin und Yang.

Solange das Kronen- und das Wurzel-Chakra offen und wir mit Himmel und Erde verbunden sind, kann das Qi zu allen anderen Chakras weiterfließen. Wir fühlen uns eins mit allem und haben eine positive, starke Ausstrahlung. Ist jedoch ein Chakra blockiert, so wird der Qi-Fluss von der Erde zu einem der anderen Chakras behindert, und es kommt zu Störungen in der Qi-Versorgung.

Ursachen für Energieblockaden

Die Chakra-Lehre zeichnet sich wie die gesamte Traditionelle Chinesische Medizin durch ihre ganzheitliche Betrachtung des Men-

schen aus. Erkrankungen betreffen daher nicht nur ein einzelnes Körperteil oder ein Organ, sondern immer den gesamten Organismus.
Das umfasst nicht nur die körperliche Ebene, sondern schließt immer auch die geistige und seelische Ebene mit ein. Aus der Psychosomatik wissen wir, dass emotionale und psychische Konflikte durch Ängste, einen Mangel an Urvertrauen oder negative Gefühle sich auch auf den Körper auswirken können. Die Chakra-Lehre schließt diese Aspekte einer Erkrankung daher immer bei der Diagnose und Behandlung mit ein.

Die positive Wirkung der Qi-Chakra-Arbeit

Unter Qi-Chakra-Arbeit verstehen wir alle Anwendungen, Übungen und Techniken, die das Qi in den Meridianen und insbesondere in den Chakras harmonisieren oder wieder zum Fließen bringen. Chakra-Arbeit hat allerdings nichts mit Mühe und Überwindung zu tun. Das Ziel der Arbeit an Ihren Energien und mit den Chakras ist immer eine wohltuende Veränderung. So sorgen alle Methoden, die wir für Ihr Qi-Chakra-Programm empfehlen, dafür, dass Sie sich besser entspannen können. Diese Fähigkeit kommt im modernen Alltag viel zu kurz. Die Arbeit an den Chakras wird Ihnen dabei helfen, tiefer und erholsamer zu schlafen, und Sie werden besser mit Alltagsbelastungen fertig, weil Sie gelassener und ruhiger sind. Auch Ängste und depressive Verstimmungen können durch regelmäßige Qi-Chakra-Arbeit gemildert werden oder sich sogar vollständig auflösen.
Die Chakra-Arbeit wirkt tief auf unser Unbewusstes und auf unsere intuitiven Fähigkeiten. In der Psychologie spricht man in diesem Zusammenhang von Ressourcen, die wir anzapfen können. Diese Ressourcen sind Kräfte, die in uns wohnen und die durch Qi-Chakra-Arbeit an die Oberfläche kommen können. Was dabei auf der seelischen Ebene geschieht, passiert auch im Geist. Ihre Gehirnfunktionen profitieren von Ihrer entspannenden Chakra-Arbeit. Diese sorgt dafür, dass sich die Gedächtnisleistungen verbessern und Sie sich leichter konzentrieren können.

Neurologische Untersuchungen haben gezeigt, dass Menschen, die regelmäßig meditieren, nicht nur entspannter sondern auch geistig leistungsfähiger sind. Nicht zuletzt kann das regelmäßige Üben von Chakra-Qi-Gong tiefere Einsichten in sich selbst und die Gesetze der Natur bringen.

Das Chakra-Qi von innen und außen stärken

Insbesondere mit den Chakra-Qi-Gong-Übungen (ab Seite 94) können Sie jedes einzelne Chakra gezielt beeinflussen. Alle Chakra-Übungen sind einfach und ohne große Vorbereitung durchführbar. Wünschenswert sind allein eine gewisse Regelmäßigkeit und die Bereitschaft, sich auf das meditative Erlebnis einzulassen.

Mit Hilfe des Tests auf Seite 84 erfahren Sie außerdem, welcher Chakra-Typ Sie sind und welche Chakra-Themen für Ihre Persönlichkeit und in ihrer Lebenssituation im Moment im Vordergrund stehen.

QI-HARMONISIERUNG DURCH CHAKRA-ARBEIT

Wir begreifen die Chakras als Ventile, die den Fluss des Qi regulieren. Sie können durch gezielte Qi-Chakra-Arbeit diese Ventile öffnen und schließen, anregen oder beruhigen, um den Qi-Fluss zu harmonisieren. Dabei kommt es in erster Linie darauf an, wie viel Qi ein Chakra durchlässt. Wichtig ist, dass alle sieben Chakras harmonisch zusammenarbeiten. Regelmäßige Chakra-Arbeit versetzt Sie die Lage, das Qi so in den Haupt-Chakras zu verteilen, dass Sie sich ausgeglichen, gelassen und wohl in Ihrer Haut fühlen.

Eine traditionelle Methode, um die Chakras zu kontrollieren, ist die Meditation, verbunden mit verschiedenen Visualisierungen. Die genaue Lage der Chakras wird im nächsten Kapitel ab Seite 31 erläutert.

- **Chakra öffnen** Setzen Sie sich im Schneidersitz und aufgerichtet auf den Boden, verankern Sie sich gedanklich mit der Erde und schließen Sie die Augen. Denken Sie an die sich öffnenden Blätter einer Blüte und stellen Sie sich vor, wie Wassertropfen in das Chakra fallen und konzentrische Kreise bilden.
- **Chakra schließen** Nehmen Sie die Meditationshaltung ein und denken Sie an einen Sonnenuntergang am Meer. Atmen Sie langsam und tief in das Chakra, das Sie schließen wollen.
- **Chakra aktivieren** Nehmen Sie die Meditationshaltung ein und stellen Sie sich in dem Chakra, das Sie aktivieren wollen, ein wärmendes Feuer vor.
- **Chakra beruhigen** Nehmen Sie die Meditationshaltung ein und stellen Sie sich einen dahinfließenden Bach vor, der immer stiller und flacher wird.
- **Qi sammeln** Sie können durch Handauflegen das Qi in überaktiven Chakras beruhigen und verlangsamen. Reiben Sie die Hände, bis sie warm sind. Legen Sie dann die Hände auf das jeweilige Chakra, damit sich das Qi dort sammeln kann.

Wer bisher als einzige Möglichkeit der Chakra-Arbeit das Chakra-Yoga kannte, wird erstaunt sein, wie positiv sich unsere Empfehlungen aus der TCM auf Gesundheit und Wohlbefinden auswirken, und vor allem, wie einfach sie selbst für Anfänger umzusetzen sind. Suchen Sie sich aus den weiteren Empfehlungen zur Qi-Chakra-Arbeit nur die heraus, die Sie am meisten ansprechen.

Mit Heilpflanzenzubereitungen (Tees), der Fünf-Elemente-Ernährung sowie Meditationen und Visualisierungen, Massagen und Abreibungen können Sie nach Geschmack Ihr eigenes Qi-Chakra-Programm zusammenstellen.

Je intensiver Sie sich Ihren Energiezentren widmen und je offener Sie in Kontakt mit sich und Ihren Energien treten, desto deutlicher werden Sie die positive Wirkung der Qi-Chakra-Arbeit spüren.

Das höchste Ziel der Chakra-Arbeit – an den Punkt zu gelangen, an dem sich die Chakras gegenseitig durchdringen – ist ein Idealzustand, den nur sehr wenige Menschen erreichen. Menschen, die sich diesem Zustand nähern, werden in allen Kulturen als Heilige oder Erleuchtete bezeichnet. Für uns ist dagegen wichtig, Ihnen dabei zu helfen, sich Ihren inneren Energien zu öffnen und Ihnen einfache Hilfestellung dabei zu geben, diese zu harmonisieren.

Der Buddhismus brachte die altindischen Heilverfahren nach China. Sie fanden jedoch nur in wenigen Bereichen Eingang in die TCM, obwohl um 700 n. Chr. buddhistische Mönche in China nach den Methoden der ayurvedischen Medizin heilten und einige Klöster sogar Krankenhäuser unterhielten.

MEHR GESUNDHEIT UND LEBENSFREUDE

Die Qi-Chakra-Arbeit bringt Ihnen eine ganze Reihe von Vorteilen:

- Ihr Stoffwechsel wird angeregt und das Immunsystem gestärkt.
- Durchblutung und Herz- und Kreislauffunktionen verbessern sich.
- Entgiftungs- und Ausleitungsprozesse werden aktiviert.
- Ihre Körperhaltung verbessert sich, und Rückenprobleme werden gelindert.
- Alterungsprozesse werden verlangsamt. Sie fühlen sich vitaler.
- Sie erfahren mehr Gelassenheit und innere Ruhe.
- Ihr Schlaf wird tiefer und erholsamer.
- Sie erholen sich besser von Krankheiten, sind leistungsfähiger und meistern Stresssituationen leichter.
- Sie gewinnen eine positive Lebenseinstellung.

Bedeutung und Funktion der Chakras

Die Chakra-Lehre dient dazu, uns mit unseren Eigenheiten und unseren Bedürfnissen anzufreunden. Dazu gehört in der Traditionellen Chinesischen Medizin (TCM) auch, Verantwortung für die eigene Gesundheit zu übernehmen. Die Qi-Chakra-Arbeit ist ein hilfreiches Instrument auf diesem Weg. Auf den nächsten Seiten erfahren Sie, wofür die sieben Haupt-Chakras stehen, welche Aufgaben sie haben, wie ihr Energiefluss sich auf der körperlichen, geistigen und seelischen Ebene spiegelt und wie sie sich auf unser körperliches und emotionales Wohlbefinden auswirken.

Das Wurzel-Chakra

Weitere Bezeichnungen: Erstes Chakra, Basis-Chakra
Lage: Das erste Chakra ist das unterste Chakra und bildet damit auch die Basis für alle anderen Chakras. Es befindet sich am Beckenboden zwischen dem Damm (Beckenboden) und dem Anus, ist mit dem Steißbein verbunden und öffnet sich nach unten zur Erde.
Körperliche Aspekte: Mit der Energie aus dem Wurzel-Chakra wird der ganze Beckenbereich versorgt samt Anus, Rektum, Dickdarm, Mastdarm, Enddarm, aber auch dem Ischiasnerv und der Prostata. Somit ist die Energie des ersten Chakras auch zuständig für die Ausscheidung von Abfallstoffen aus dem Körper und prägt unsere Blutqualität.
Generell wird alles Feste im Körper mit dem ersten Chakra verbunden, also auch Wirbelsäule, Knochen und Gelenke, Nägel und als härteste Bestandteile unseres Körpers - die Zähne. Auch die unteren Extremitäten, also die Beine und Füße werden, dem Wurzel-Chakra zugeordnet. Die Qualität des Blutes und der Zellaufbau werden ebenfalls von der Energie des Wurzel-Chakras bestimmt.
Übergeordnete Themen: Unsere Lebenskraft, unser Gefühl der inneren Sicherheit und unser Urvertrauen werden von der Energie des Wurzel-Chakras gespeist. Mit dieser Energie bewegen wir uns sicher, gelassen und stark im Alltag, stehen mit beiden Beinen auf der Erde, meistern unsere Aufgaben und sind so in der Lage, uns eine solide Lebensgrundlage zu schaffen. Mit einem harmonischen Wurzel-Chakra fühlen wir uns geerdet und verbunden mit den Kräften der Natur. Wir sind ausdauernd, seelisch stabil und zufrieden. Auf dieser Grundlage können wir unsere Lebensenergie entfalten und gut für uns und unsere Familie sorgen.

Die TCM ist überzeugt davon, dass jede Krankheit gebannt werden kann, wenn das Energiezentrum des Körpers so weit entwickelt ist, dass ein starkes Qi ungehindert im Körper fließen kann. Chakra-Qi-Gong und die anderen in diesem Buch aufgeführten Anwendungen helfen dabei, Blockaden und Stockungen zu verhindern bzw. zu überwinden.

Harmonische Funktion

Ein ausgeglichenes Basis-Chakra hilft dabei, sich harmonisch zu entwickeln, einen erfüllenden Lebensweg einzuschlagen, den passenden Beruf zu finden, sich ein stabiles Zuhause, eine harmonische Partnerschaft und/oder eine Familie zu schaffen und auch dabei, Wohlstand und materielle Zufriedenheit zu erreichen.

Ein harmonisches Wurzel-Chakra verbindet uns mit dem Kräften der Natur.

Menschen mit einem harmonischen Wurzel-Chakra-Qi lassen sich auf ihrem Weg nicht beirren und auch nicht so leicht unterkriegen, wenn ihnen der Wind ins Gesicht weht. Sie verfügen über viel Lebensenergie und Ausdauer und haben ein unerschütterliches Vertrauen in sich selbst und die Welt: Die Erde wird als sicherer Ort erlebt, an dem wir alles erhalten, was wir brauchen. Wir sind in der Lage, uns vertrauensvoll dem Leben und anderen Menschen zu öffnen.

Das Ideal der Harmonie des Einzelnen mit dem Universum erklärt die hohe Bedeutung der Lebensweise für die chinesische Medizin. Denn nach ihrer Auffassung folgen dem Einklang mit der Außenwelt auch innere Ausgeglichenheit und körperliche Gesundheit.

Ist das Wurzel-Chakra ausgeglichen und die Basis stabil, so kann das Qi durch alle Chakras nach oben steigen und so die anderen Energiezentren gut versorgen. Kein anderes Chakra kann die Funktion des Basis-Chakras ersetzen. Diese ursprüngliche Energie nährt Körper, Geist und Seele mit Kraft und Lebensenergie. Ein ausgeglichenes Basis-Chakra zeigt sich in einem guten Körperbewusstsein, Gelassenheit und einem gesunden Gefühl für die eigenen Bedürfnisse.

Disharmonische Funktion

Jede Blockade im Energiefluss des Wurzel-Chakras setzt die Beziehung zur Erde und zur Natur aufs Spiel. Ein Mensch mit gestörtem Wurzel-Chakra steht nicht mit beiden Beinen auf der Erde. Auf der einen Seite kann sich eine einseitige Betonung oder Fehlfunktion des Basis-Chakras auf der Persönlichkeitsebene in Gier und Selbstsucht sowie der aggressiven Durchsetzung eigener Interessen um jeden Preis zeigen. Das Denken und Handeln kreist dann vor allem um materielle Besitztümer und Sicherheit, aber auch um die Befriedigung der eigenen Bedürfnisse durch sinnliche Genüsse und Reize. Üppige Mahlzeiten, alkoholische Getränke, aber auch ein ungezügeltes Triebleben sind Ausdruck eines disharmonischen, einseitig betonten Wurzel-Chakras. Das offene Geben und Empfangen bereitet bei einer solchen Fehlfunktion Probleme, genauso wie eine ausgeglichene, maßvolle Lebensweise.

Auf der körperlichen Seite zeigt sich ein einseitig betontes, disharmonisches Wurzel-Chakra mit seinem Nicht-Loslassen-Wollen in Darmbeschwerden, Verstopfung und Hämorrhoiden, aber auch Übergewicht sowie in zu niedrigem/zu hohem Blutdruck und Krampfadern.

Bei einer Unterfunktion des Wurzel-Chakras stellen sich dagegen leicht Ängste und Depressionen ein. Die körperliche Verfassung ist eher schwach, das Immunsystem überfordert. Ein Mangel an (Selbst-)Vertrauen sowie wenig Widerstandskraft sind deutliche Anzeichen für ein unterversorgtes Basis-Chakra. Das Leben mit seinen Anforderungen erscheint oft freudlos oder als Bürde. Häufig orientieren sich Menschen mit schwachem Wurzel-Chakra-Qi an Autoritätspersonen oder Menschen, die Sicherheit versprechen, und sehnen sich nach einem leichten Leben ohne Pflichten und Anstrengungen. Menschen mit einem schwachen Wurzel-Chakra wirken oft phlegmatisch und wenig tatkräftig.

Auf der körperlichen Seite kann sich ein schwaches Wurzel-Chakra-Qi in Problemen im Lendenwirbelbereich, Ischiasbeschwerden, Blasen- und Nieren-

STECKBRIEF WURZEL-CHAKRA

Lage: Unteres Ende der Wirbelsäule
Element: Erde
Farbe: Leuchtendes Rot
Sinn: Geruchssinn
Zentrale Themen: Leben und Überleben, Erdung, Urvertrauen, Stabilität und Sicherheit
Grundprinzipien: Der körperliche Wille zum Sein
Seinsbereich: Erde
Positive seelisch-geistige Aspekte: Lebenswille und -kraft, Ausdauer, Stabilität, Leben in natürlichen Rhythmen, Erd- und Naturverbundenheit, Selbstvertrauen, Durchsetzungsvermögen
Körperliche Zuordnungen: Beckenboden, Steißbein, Dickdarm, Enddarm, Knochen, Beine, Füße, Zähne, Blut
Grundsymbol: Vierblättriger Lotus, Quadrat

problemen, Prostatabeschwerden, aber auch Blutarmut manifestieren. Eine erhöhte Allergiebereitschaft und die generelle Neigung zu Autoimmunprozessen im Körper können die Folge eines geschwächten Wurzel-Chakras sein.

Drüsenentsprechung des Wurzel-Chakras: Nebennieren

Die Nebennieren produzieren Adrenalin, Noradrenalin und Kortisol. Diese Hormone steuern den Blutkreislauf und die Blutverteilung im Körper und wirken so auf die zentralen Lebensfunktionen.

ACHT ALLTAGSTIPPS FÜR IHR WURZEL-CHAKRA

1 Wiederholen Sie morgens nach dem Aufstehen und abends vor dem Zubettgehen folgende heilsame Affirmationen:
- Ich vertraue auf die Kraft des Lebens und der Natur.
- Ich fühle mich wohl in meinem Körper und spüre ihn bewusst, bei allem, was ich tue.
- Ich lasse mich von der Erde tragen.

2 Gehen Sie jeden Tag und bei jedem Wetter um die Mittagszeit an der frischen Luft spazieren.

3 Verbringen Sie Ihre Freizeit in der Natur. Gehen Sie wandern, arbeiten Sie im Garten.

4 Massieren Sie Ihre Füße mit einem wohlriechenden Öl, bis sie warm sind, oder nehmen Sie (abends!) ein entspannendes Fußbad. Gehen Sie, wenn es die Witterung erlaubt, auch öfter einmal barfuß.

5 Empfehlenswerte ätherische Öle für die Aromatherapie sind Nelke, Rosmarin und Zypresse. Geben Sie 3 bis 4 Tropfen eines Öls mit etwas destilliertem Wasser in eine Duftlampe. Auch ein entspannendes Bad mit diesen Ölen wirkt positiv.

6 Empfehlenswerte Bachblüten sind: Dreimal täglich je 5 Tropfen Clematis oder Sweet Chestnut oder Rock Rose.

7 Wählen Sie intuitiv einen der folgenden Edelsteine aus: Rubin, Hämatit oder Granat. Nehmen Sie ihn zwischen die Hände und halten Sie ihn so lange, bis Ihre Handflächen die Energien aufgenommen haben. Dann legen Sie die Hand auf das Chakra. Sie können den Stein auch als Ring oder Kette tragen.

8 Bleiben Sie mit den Füßen am Boden und pflegen Sie eine gesunde Lebensweise. Entwickeln Sie ein Gefühl für die natürlichen Rhythmen des Lebens und der Natur. Richten Sie Ihre Aufmerksamkeit auch auf das Qi des komplementären Chakras, des Kronen-Chakras (→ Seite 72), um Ihre Energien auszugleichen und die Kraft des Wurzel-Chakras in die richtigen Bahnen zu lenken.

Das Wurzel-Chakra aktivieren

Wenn Sie genau wissen möchten, ob die Qi-Versorgung ausreichend und der Qi-Fluss in Ihrem Wurzel-Chakra harmonisch ist, führen Sie bitte den Test auf Seite 86 durch. Bei den folgenden Problemen und seelischen Beschwerden empfiehlt es sich, am Basis-Chakra zu arbeiten:

- Probleme im Lendenwirbelbereich (Ischias, Hexenschuss, Bandscheibenvorfall)
- Verdauungsprobleme (Verstopfung, Hämorrhoiden)
- Blasen- und Nierenprobleme
- Prostataleiden
- Blutarmut
- Zu niedriger/zu hoher Blutdruck
- Allergien
- Übergewicht
- Knochenerkrankungen und Zahnprobleme
- Übersteigerte Aggressionsbereitschaft und Ungeduld
- Ängste, insbesondere Existenz- und Zukunftsängste
- Depressionen
- Schwierigkeiten mit Ordnung und Zeiteinteilung
- Erschöpfung und Energielosigkeit
- Trägheit und Bewegungsarmut
- Zu wenig Selbstvertrauen (Hörigkeit)
- Wenn Sie das Gefühl haben, »nicht mit beiden Beinen auf der Erde zu stehen«

Die Konstitution eines Menschen kann nach den Vorstellungen der TCM durch eine ausgewogene Lebensweise und einen angemessenen Umgang mit den eigenen Kräften wirksam gestärkt werden. Durch andauernde Überforderung wird dagegen auch ein gute Konstitution schwach und anfällig für Krankheiten.

Chakra-Qi-Heilübung für das Wurzel-Chakra

Führen Sie bei einem schwachen oder blockierten Wurzel-Chakra-Qi morgens nach dem Aufstehen die folgende Heilübung durch:

- Legen Sie sich entspannt auf den Rücken und schließen Sie Ihre Augen. Reiben Sie Ihre Handflächen aneinander, bis die Hand-Chakras warm und energiegeladen sind.
- Legen Sie die Hände rechts und links in die Leistengegend. Ihre Daumen liegen auf der Höhe Ihres Schambeins. Die Fingerspitzen zeigen nach unten.

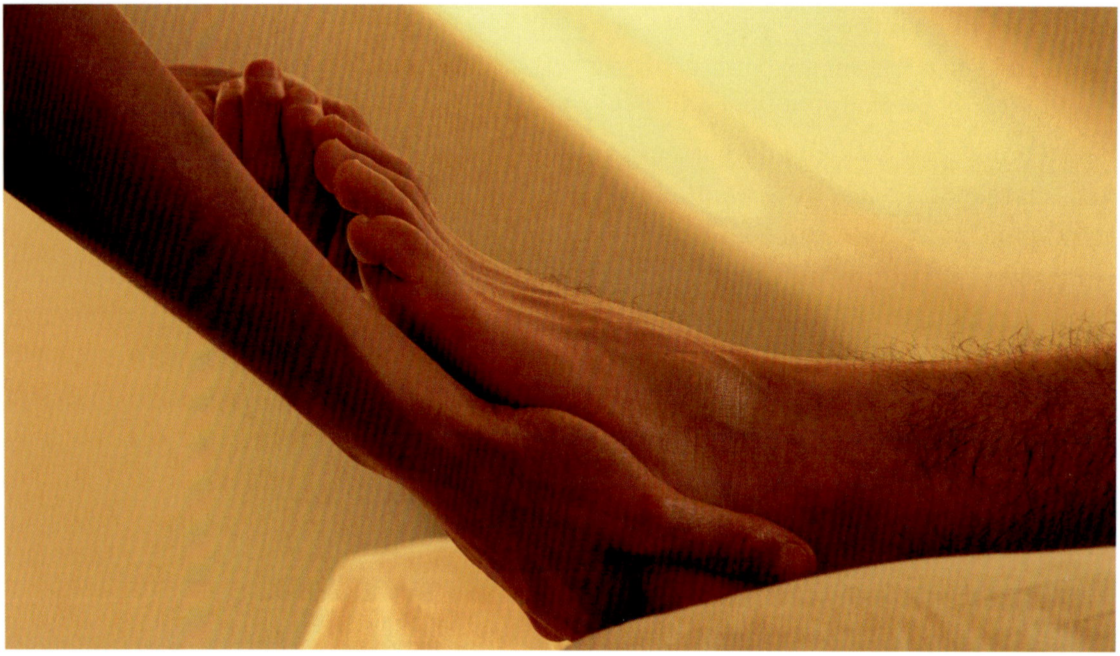

Die Chakras sind über Leitbahnen mit den Füßen verbunden. Gezielte Massagen können deshalb Blockaden lösen.

- Atmen Sie siebenmal tief ein und dann tief aus. Nehmen Sie mit jedem Einatmen rotes, warmes Qi auf. Lassen Sie bei jedem Ausatmen rotes, warmes, lichterfülltes Qi aus Ihren Händen in das Wurzel-Chakra strömen.
- Legen Sie die Arme zur Seite und spüren Sie nach.

Chakra-Qi-Heilmassage für das Wurzel-Chakra

Auch Massage hilft Ihnen, Ihr Wurzel-Chakra zu aktivieren:

- Zwicken Sie mit Daumen und Zeigefinger die einzelnen Zehenspitzen, angefangen mit der kleinen Zehe und abschließend mit der großen Zehe. Bearbeiten Sie dann mit Daumen und Zeigefinger die Zehengelenke, indem Sie diese mit den oberen Fingergliedern reiben.
- In dieser Reibetechnik bearbeiten Sie auch die äußere und die innere Spitze Ihres Fußknöchels und danach die Region unterhalb des äußeren und inneren Knöchels, den Bereich zwischen Achillessehne und Knöchel außen und innen sowie das Areal in der Fußmitte. Zusätzlich massieren Sie zwanzigmal den Punkt zwischen den Ballen der großen und der kleinen Zehe.

- Bewegen Sie nun sanft kreisend Ihr Sprunggelenk: Umfassen Sie dazu den Bereich oberhalb des Gelenks und bewegen Sie mit der anderen Hand den Fuß. Kreisen, strecken und beugen Sie den Fuß auf diese Weise fünfmal.
- Streichen Sie nun zwanzigmal den Unterschenkel hinauf. Die Fingerspitzen zeigen dabei in Richtung Wade.
- Massieren Sie zwanzigmal reibend und drückend mit Daumen, Zeige- und Mittelfinger die Partie seitlich unterhalb der Kniescheibe.
- Drücken Sie zwanzigmal die Stelle oberhalb der Kniescheibe und massieren Sie den gesamten Kniebereich reibend und mit den Fingern ausstreichend.
- Streichen Sie zum Abschluss zwanzigmal mit den Händen über den Kniebereich.

Bei allen Massagen empfiehlt sich die Verwendung eines hochwertigen Massageöls. So ein pflegendes und wohlriechendes Öl können Sie leicht selbst herstellen: Mischen Sie je 30 Milliliter Jojoba- und Mandelöl und setzen Sie je 5 Tropfen Lavendel- und Sandelholzöl sowie 4 Tropfen Orangenöl zu. Füllen Sie die fertige Mischung in eine dunkle Flasche und bewahren Sie sie an einem nicht zu warmen Platz auf.

Chakra-Qi-Farbmeditation für das Wurzel-Chakra

Eine Farbmediation kann Blockaden lösen, probieren Sie es ruhig einmal aus:

- Setzen Sie sich im Schneidersitz auf den Boden. Ihre Wirbelsäule ist aufgerichtet. Schließen Sie die Augen und atmen Sie ruhig und tief in Ihrem eigenen Atemrhythmus.
- Legen Sie Ihre Hände auf Ihre Oberschenkel. Die Handflächen sind wie eine Schale nach oben geöffnet.
- Lassen Sie vor Ihrem inneren Auge am untersten Ende Ihrer Wirbelsäule einen roten warmen Wirbel aus Licht entstehen.
- Mit jedem Einatmen wird das Licht stärker, mit jedem Ausatmen zieht es sich in sich zusammen.
- Stellen Sie sich vor, dass Ihr Wurzel-Chakra mit jedem Einatmen Qi aufnimmt, das das rote Leuchten verstärkt.
- Atmen Sie entspannt weiter, bis Sie das Gefühl haben, Ihr Wurzel-Chakra ist ganz von dem roten Licht erfüllt.
- Spüren Sie nun, wie die Qi-Energie in den Beckenraum, in die Beine und Füße strömt.
- Ist Ihr Wurzel-Chakra wohltuend belebt, so atmen Sie ein paar Mal ruhig durch, strecken sich und kehren in den Alltag zurück.

Das Sakral-Chakra

Weitere Bezeichnungen: Zweites Chakra, Sexualchakra, Milzchakra

Lage: Das zweite Chakra befindet sich in der Kreuzbeingegend, oberhalb der Geschlechtsorgane und etwas unterhalb des Nabels. Es öffnet sich nach vorn.

Körperliche Aspekte: Mit der Energie aus dem Sakral-Chakra wird der Beckenraum versorgt und alle Organe im Unterleib. Das gilt auch für die Nieren und die Blase und insbesondere für die Geschlechtsorgane. Das Qi, das hier fließt, nährt die weiblichen Eierstöcke sowie die Gebärmutter und schützt die Samenleiter, Hoden sowie die Prostata beim Mann. Auch Nieren und Blase sowie Harnblase und Harnleiter gehören in den Einflussbereich des Sakral-Chakras. Hier unterstützt das Qi im zweiten Chakra die Nieren bei der Reinigung des Blutes und hält die Blase gesund. Zudem regelt das zweite Chakra den Blut- und Lymphfluss. Die Energie des zweiten Chakras ist somit verantwortlich für die Ausleitung aller flüssigen Abfallstoffe aus dem Körper. Sie wirkt reinigend und bewahrt vor Stillstand.

Übergeordnete Themen: Unsere Lebenslust, unsere Kreativität und Lust und Freude an unserer Sexualität haben im Sakral-Chakra ihre Wurzeln. Hier befindet sich der Ursprung von Fortpflanzung und Geburt nicht nur im körperlichen Sinne sondern auch im übertragenen geistigen. Seit altersher gilt das Sakral-Chakra als Quelle weiblicher Yin-Energie und stärkt im Mann die weibliche Seite. Letztlich entsteht alles, was Sie schaffen oder entstehen lassen, aus der kreativen Energie Ihres zweiten Chakras.

STECKBRIEF SAKRAL-CHAKRA

Lage: In der Kreuzbeingegend, etwa drei Fingerbreit unterhalb des Nabels

Element: Wasser

Farbe: Orange

Sinn: Geschmackssinn

Zentrale Themen: Sexualität, Fortpflanzung, Kreativität, Selbstbewusstsein

Grundprinzip: Schöpferische Fortpflanzung des Seins

Seinsbereich: Erde

Positive seelisch-geistige Aspekte: Gutes Körperbewusstsein, geistige Kreativität, Leidenschaft. Hingabefähigkeit, Lebensfreude, Begeisterungsfähigkeit, Vitalität, weibliche Energie

Körperliche Zuordnungen: Keimdrüsen und Gebärmutter, Geschlechts- und Unterleibsorgane, Beckenraum und Kreuzbein, Nieren und Blase, Blutkreislauf, Körperflüssigkeiten

Grundsymbol: Sechsblättriger Lotus, Mondsichel

Das Sakral-Chakra ist der Mittelpunkt unserer ursprünglichen Emotionen und tiefen Gefühle sowie unserer sexuellen, schöpferischen Energien. Es wird dem Element Wasser zugeordnet, aus dem alles biologische Leben einmal hervorgegangen ist. Doch besitzt das Wasserelement nicht nur diese zutiefst schöpferische Kraft, sondern darüber hinaus auch eine reinigende und läuternde. Wasser hat die Kraft des Auflösens und Fortschwemmens von Verkrustetem und Erstarrtem.

Auf der körperlichen Ebene zeigt sich dies im zweiten Chakra durch die Aktivität von Blase und Nieren. Im seelisch-geistigen Bereich erleben wir dies in der Fähigkeit, loszulassen, unsere Gefühle auszuleben und uns neuen Erfahrungen zu öffnen. Mit einem starken zweiten Chakra sind wir in der Lage, inspiriert neue Ideen zu entwickeln und diese zu verwirklichen. Insbesondere die Beziehungen zu unseren Liebespartnern werden durch die Energie im Sakral-Chakra befruchtet. Dazu gehören auch die Fähigkeit zur Hingabe und sich auf den eigenen Körper und seine erotischen Bedürfnisse einzulassen. Die Aktivierung des zweiten Chakras fördert unsere Sinnlichkeit und erotische Ausstrahlung sowie einen natürlichen, entspannten Umgang mit der eigenen Sexualität.

Die Chakras können verstanden werden als unsichtbare Energiewirbel, die organisch zwar nicht nachgewiesen werden können, aber dennoch in verschiedenen Bereichen wie dem Yoga oder der Meditation und in Heilsystemen wie der TCM und dem Ayurveda seit Jahrtausenden einen besonderen Stellenwert haben. Mit dem Begriff Chakra werden im tantrischen Hinduismus, im buddhistischen Vajrayana, im Yoga und in der TCM die Verbindungsstellen zwischen dem Körper und dem nicht stofflichen Energiesystem des Menschen bezeichnet.

Harmonische Funktion

Ein ausgeglichenes Sakral-Chakra hilft dabei, den Fluss des Lebens zu genießen und gesund und offen mit seinen Gefühlen umzugehen. Wir können uns anderen Menschen freundlich öffnen und sind insbesondere gegenüber Menschen, in die wir uns verlieben, natürlich und authentisch. Sexualität erleben wir mit einem harmonisch fließenden Qi im zweiten Chakra als Bereicherung und als positive Vereinigung männlicher und weiblicher Energien. Wir sind in der Lage, uns voller Freude als Teil der Natur zu erleben, und genießen Kunst, Kultur und Sinnesfreuden. Unsere Gefühle sind echt und unverstellt. Unsere Handlungen sind kreativ und eine Bereicherung für unser eigenes Leben und das der anderen Menschen mit einem starken Sakral-Chakra sind voller Lebensfreude und durch ihre Begeisterungsfähigkeit sehr attraktiv.

Wie Sie sehen, steht jedes der sieben Hauptchakras für einen bestimmten Lebensbereich. Wenn alle Chakras einwandfrei und gleichmäßig arbeiten, fühlen wir uns gesund und zufrieden. Alle Chakras sollen im Idealfall immer gleich weit geöffnet sein. Ist das nicht der Fall, treten Unter- oder Überfunktionen auf, die immer störend bzw. unangenehm sind. Deswegen ist eine Harmonisierung des Qis in den Chakras oberstes Ziel.

Disharmonische Funktion

Blockaden im Energiefluss des Sakral-Chakras finden nicht selten schon in der frühen Kindheit oder im Beginn der Pubertät eines Menschen ihre Wurzeln. Ein Mangel an Zärtlichkeit, Geborgenheit und körperlicher Nähe führt bei Kindern zu einem Gefühl der Zurückweisung und einem Mangel an Wohlgefühl im eigenen Körper. Das unbefangene Handhaben des eigenen schöpferischen Potenzials ist gehemmt. Bei Jugendlichen kann dies dazu führen, dass sie zu Ersatzhandlungen greifen, die sie allerdings nur noch tiefer in die körperlich-sexuelle Verunsicherung treiben. Verliert sich jedoch die Unbefangenheit im Umgang mit der eigenen Sexualität und dem eigenen Lustempfinden, so kann es auf der einen Seite zu einer übersteigerten Sexualisierung oder einer unterdrückten Triebhaftigkeit kommen, die sich auf eine eher destruktive Weise Bahn bricht.

Es kommt zu Spannungen und Unsicherheiten im Umgang mit den Menschen, von denen wir geliebt werden wollen. Unter Umständen entsteht eine Schieflage, in der entweder nur das eigene Bedürfnis nach Befriedigung in den Vordergrund gestellt wird oder eine unausgesprochene Sehnsucht nach erfüllter Sexualität besteht, die jedoch nicht gestillt werden kann. Andere Anzeichen für ein blockiertes Sakral-Chakra sind Ekel vor Nähe oder Körperlichkeit sowie Waschzwang oder Sauberkeitsfimmel. Dabei liegt die Ursache für diese Missverhältnisse in einem disharmonischen Sexual-Chakra.

DRÜSENENTSPRECHUNG DES SAKRAL-CHAKRAS: KEIMDRÜSEN

Das Sakral-Chakra regelt die Funktionen von Eierstöcken und Gebärmutter und schenkt der Frau die Kraft für Schwangerschaft und Geburt eines Kindes. Auch während der Menstruation versorgt das zweite Chakra die Frau mit zusätzlicher Energie, um den Blutverlust auszugleichen. Beim Mann versorgt die Energie des Sakral-Chakras die Hoden und die Prostata und reguliert so auch die Produktion von Testosteron und Samenzellen.

Das kann auch der Fall sein, wenn in einer Partnerschaft die Sexualität nicht befriedigend ausgelebt wird. Auf der körperlichen Seite zeigt sich ein einseitig betontes, disharmonisches Sakral-Chakra in einer Überbetonung der Sexualität (Nymphomanie). Dies ist allerdings seltener der Fall. Meistens liegt bei Problemen im zweiten Chakra eine Unterversorgung vor. Nicht selten liegen die energetischen Defizite bereits in der Kindheit und Jugend begründet.

Die Ursache für energetische Defizite kann bis in die Kindheit zurückgehen.

Ein sexual- und lustfeindliches Elternhaus kann dazu führen, dass ein Kind seine sinnlichen Bedürfnisse zurückschraubt. Diese Form der Unterdrückung des vitalen Bedürfnisses nach Sexualität führt in aller Regel zu Selbstwertproblemen, sexueller Gefühlskälte und innerer Erstarrung. Das Leben bietet nur wenige Freuden und erscheint kaum lebenswert.

Auf der körperlichen Seite kann sich ein schwaches Sakral-Chakra-Qi darin zeigen, dass die Ausscheidungsfunktionen der Nieren und der Blase beeinträchtigt sind. Nierensteine, Nierenbeckenentzündung oder wiederkehrende Harnwegsinfektionen weisen auf Blockaden hin. Auch die Neigung zu Thrombosen oder Lymphstauungen deuten auf ein geschwächtes Sakral-Chakra. Potenzstörungen oder sogar Impotenz beim Mann sowie Gebärmutter- oder Eierstockerkrankungen, Zyklusstörungen oder Menstruationsbeschwerden sind ebenfalls ein Zeichen für zu wenig Energie im zweiten Chakra.

ALLTAGSTIPPS FÜR IHR SAKRAL-CHAKRA

1 Wiederholen Sie morgens nach dem Aufstehen und abends vor dem Zubettgehen langsam folgende heilsame Affirmationen:

- Das Leben ist ein göttliches Geschenk, das ich genießen darf.
- Ich verbinde mich mit meiner kreativen Energie.
- Ich nehme meinen Körper liebevoll an.

2 Erleben Sie in der Natur bewusst den Anblick von natürlichen, klaren Gewässern. Setzen Sie sich an eine ruhige Stelle und meditieren Sie.

3 Trinken Sie über den Tag ausreichend klares Quellwasser. Wenn Sie möchten, harmonisieren Sie Ihr Wasser, indem Sie Rosenquarz, Bergkristall oder Amethyst in die Karaffe geben.

4 Gehen Sie regelmäßig zum Schwimmen.

5 Belegen Sie einen Bauchtanzkurs oder zusammen mit Ihrem Partner/Ihrer Partnerin einen Tangokurs. Das Tanzen regt die Energie im zweiten Chakra an.

6 Empfehlenswerte Ätherische Öle für die Aromatherapie sind Ylang Ylang und Sandelholz, Myrrhe, Bitterorange und Pfeffer. Geben Sie drei bis vier Tropfen eines Öls mit etwas destilliertem Wasser in eine Duftlampe. Auch ein entspannendes Bad mit diesen Ölen wirkt positiv auf das Sakral-Chakra.

7 Empfehlenswerte Bachblüten für das Sakral-Chakra sind:
Dreimal täglich je fünf Tropfen Oak oder Olive oder Pine.

8 Wählen Sie intuitiv einen der folgenden Edelsteine aus: Goldtopas, Hyacinth, Koralle, Feueropal oder Aventurin. Nehmen Sie ihn zwischen die Hände und halten ihn so lange, bis Ihre Handflächen die Energien des Steines aufgenommen haben. Dann legen Sie die Hand auf das zweite Chakra. Sie können den Stein auch direkt auf das Sakral-Chakra legen.

9 Genießen Sie die sinnlichen Freuden des Lebens und gehen Sie einer schöpferischen Tätigkeit nach. Kinder zu zeugen, zu gebären und mit Liebe großzuziehen, aber auch die Künste, das Handwerk, Heilberufe und jegliche kreative Tätigkeit werden durch das Qi aus dem Sakral-Chakra gespeist. Richten Sie Ihre Aufmerksamkeit auf das Qi des komplementären Stirn-Chakras (→ Seite 65), um die Kraft eines starken zweiten Chakras in gesunde Bahnen zu lenken.

Das Sakral-Chakra aktivieren

Wenn Sie genau wissen möchten, ob die Qi-Versorgung ausreichend und der Qi-Fluss in Ihrem Sakral-Chakra harmonisch ist, führen Sie bitte den Test auf Seite 87 f. durch. Bei den folgenden Problemen und seelischen Beschwerden empfiehlt es sich, daran zu arbeiten:

- Menstruationsbeschwerden
- Prostataleiden
- Impotenz, Frigidität
- Nieren- oder Blasenbeschwerden, Harnwegsinfektionen
- Erkrankungen von Blut und Lymphstauungen
- Schöpferische Krisen, depressive Verstimmungen
- Suchtverhalten oder Suchtgefährdung
- Mangel an sexueller Energie oder erhöhte Triebhaftigkeit
- Fehlen sinnlicher Freude und Lebensfreude

Chakra-Qi-Heilübung für das Sakral-Chakra

Nierenprobleme können mit einem gestörten Fluss des Sakral-Chakra-Qis zusammenhängen.

Führen Sie bei einem schwachen oder blockierten Sakral-Chakra-Qi morgens nach dem Aufstehen die folgende Heilübung durch:

- Legen Sie sich entspannt auf den Rücken und schließen Sie Ihre Augen. Reiben Sie Ihre Handflächen aneinander, bis die Hand-Chakras warm und energiegeladen sind.
- Legen Sie nun die linke Hand unterhalb des Nabels in die Mitte des Unterbauchs und die rechte Hand darüber. Atmen Sie in den Bauch und spüren Sie, wie er sich beim Einatmen hebt und beim Ausatmen wieder flach wird.
- Atmen Sie siebenmal tief ein und dann tief aus. Nehmen Sie mit jedem Einatmen orangefarbenes Qi auf. Lassen Sie bei jedem Ausatmen mit orangefarbenem Licht erfülltes Qi aus Ihren Händen in das Sakral-Chakra strömen.
- Legen Sie die Arme zur Seite und spüren Sie nach.

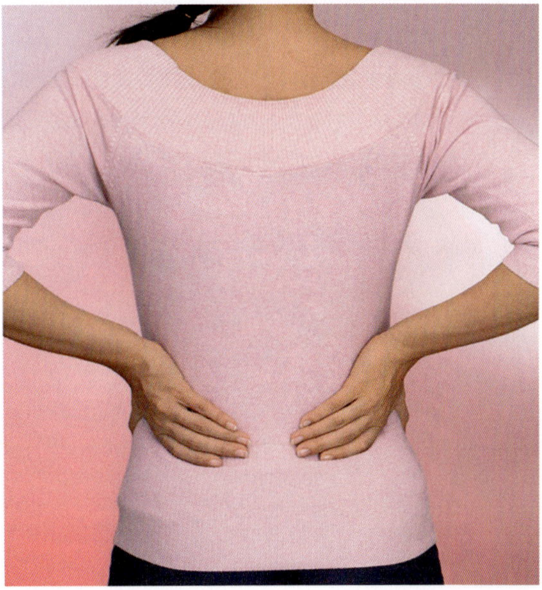

Chakra-Qi-Heilmassage für das Sakral-Chakra

Auch bei Unausgewogenheiten des Sakral-Chakras hilft eine Massage, die Balance wiederherzustellen:

- Massieren Sie mit beiden Händen die Außenseite Ihrer Oberschenkel, indem Sie zehnmal mit den oberen Fingergliedern auf- und abreiben und zehnmal mit dem Handballen auf- und abstreichen.
- Mit den vier Fingerspitzen schieben Sie zwanzigmal die Haut im Kreuzbeinbereich von unten nach oben entlang beider Seiten der Wirbelsäule. Danach streichen Sie zwanzigmal mit den Fingern den Kreuzbeinbereich von unten nach oben aus.
- Wiederholen Sie die Anwendung anschließend im Steißbeinbereich.

In der Farbentherapie entspricht jede der Farben Rot, Orange, Gelb, Grün, Blau, Indigo und Violett einem der sieben Chakras. Jede Farbe hat eine spezifische Eigenschaft. Die Farben unterstützen den Körper in seiner natürlichen Fähigkeit, sich zu regenerieren. Diese Erkenntnis wird seit Jahrtausenden in Asien zur Unterstützung von Heilungsprozessen angewandt. Die Farbmeditation ist eine Methode, die dieser Vorstellung entspringt.

Chakra-Qi-Farbmeditation für das Sakral-Chakra

Diese meditative Übung bringt das Qi im Sakral-Chakra wieder besser zum Fließen und ins Gleichgewicht:

- Setzen Sie sich im Schneidersitz auf den Boden oder ein flaches Kissen. Ihre Wirbelsäule ist aufgerichtet.
- Schließen Sie die Augen und atmen Sie ruhig und tief in Ihrem eigenen Atemrhythmus. Lassen Sie den Atem kommen und gehen.
- Legen Sie Ihre Hände mit den Handrücken auf Ihre Oberschenkel. Die Handflächen sind wie eine Schale nach oben geöffnet.
- Lassen Sie vor Ihrem inneren Auge einen orangeroten warmen Wirbel aus Licht entstehen, der etwa eine Handbreit unterhalb Ihres Nabels kreist.
- Mit jedem Einatmen wird das Licht stärker, mit jedem Ausatmen zieht es sich in sich zusammen. Das Licht atmet in Ihrem Atemrhythmus.
- Stellen Sie sich vor, dass das Sakral-Chakra mit jedem Einatmen Qi aufnimmt, dass wiederum das orangefarbene Leuchten in seinem Inneren verstärkt.
- Atmen Sie so lange ganz entspannt weiter, bis Sie das Gefühl haben, Ihr Sakral-Chakra ist ganz von dem Qi des orangeroten Lichts erfüllt.

- Spüren Sie nun, wie die Qi-Energie in den Beckenraum strömt und entlang der Wirbelsäule in Ihren gesamten Bauch, Ihren Brustkorb und hinauf in den Kopf steigt. Zuletzt werden auch Ihre Arme und Beine von diesem Energiefluss erfasst.Wenn Sie das Gefühl haben, Ihr gesamter Körper ist wohltuend durch das Sakral-Chakra-Qi belebt, so atmen Sie ein paar Mal ruhig durch, öffnen dann die Augen, recken und strecken sich und kehren in den Alltag zurück.

Das Nabel-Chakra

Weitere Bezeichnungen: Solarplexus-Chakra, Leber- oder Magen-Chakra, drittes Chakra, Persönlichkeits-Chakra

Lage: Das dritte Chakra liegt oberhalb des Nabels im Magenbereich zwischen dem ersten Lendenwirbel und dem zwölften Brustwirbel. Im Nabel-Chakra wird viel Qi gespeichert, weshalb es für den gesamten Körper wichtig ist.

Körperliche Aspekte: Verbunden wird das Nabel-Chakra mit dem unteren Rücken und der Bauchhöhle. Mit der Energie aus diesem Chakra wird der Magen, der Dünndarm, die Milz, die Gallenblase sowie die Leber versorgt. Neben diesen Bauchorganen, die eine zentrale Rolle im Stoffwechsel und bei Immunprozessen spielen, wirkt es sich auch auf das vegetative Nervensystem aus, das Kreislauf, Atmung und die Verdauungsprozesse steuert. Eine wichtige Rolle spielt auch die energetische Verbindung des Nabel-Chakras zur Bauchspeicheldrüse.

Übergeordnete Themen: Das Nabel-Chakra steht für die Fähigkeit, eine starke, durchsetzungsfähige Persön-

STECKBRIEF NABEL-CHAKRA

Lage: Oberhalb des Nabels, im Magenbereich

Element: Feuer

Farbe: Gelb, Gold

Sinn: Sehsinn

Zentrale Themen: Willenskraft, Selbstvertrauen, Selbstkontrolle, Persönlichkeit, Gefühle, Macht, Verteilung des Qi im Körper

Grundprinzip: Gestaltung des Seins

Seinsbereich: Mensch

Positive seelisch-geistige Aspekte: Ich-Gefühl, Durchsetzungsvermögen, Mitgefühl, Sensibilität, Spontaneität

Körperliche Zuordnungen: Bauchspeicheldrüse, Magen, Milz, Gallenblase, Leber, Dünndarm, Bauchhöhle, vegetatives Nervensystem

Grundsymbol: Dreieck

Ein ausgeglichenes Nabel-Chakra sorgt für Durchsetzungsvermögen in vielen Lebenslagen und einen ausgeprägten Leistungswillen.

lichkeit herauszubilden. So können wir selbstbestimmt leben, unsere Lebensziele stetig verfolgen und die Welt aktiv mitgestalten. Es ist das Chakra, durch das wir unsere gesellschaftliche Identifikation finden und diese durch unseren Leistungswillen oder auch durch Anpassung an die gesellschaftlichen Vorgaben zu bestätigen suchen. Das Magen-Chakra ist auch der Sitz von Emotionen wie Freude, Trauer oder Wut, die direkt aus unserem Kontakt mit den Mitmenschen und dem äußeren Qi entstehen. So verkörpert das dritte Chakra unsere Mitte in jeder Hinsicht. Aus diesem Zentrum beziehen wir den größten Teil unserer Kraft und Lebendigkeit. Eine wichtige Aufgabe des Nabel-Chakras besteht zudem darin, die Bedürfnisse der unteren Chakras zu lenken, zu läutern und zu nutzen sowie das Qi der höheren Chakras in der materiellen Welt zu verankern, um auf allen Ebenen Erfüllung im Leben zu erreichen.

Harmonische Funktion

Menschen mit einem harmonischen Nabel-Chakra besitzen ein gesundes Selbstbewusstsein und viel Tatkraft. Sie können spontan die richtigen Entscheidungen zum Erreichen ihrer Ziele treffen – »aus dem Bauch heraus«. Außerdem haben sie die Ausdauer und die nötige Geduld, um Rückschläge, die im Leben auftreten, wegzustecken und beharrlich weiterzumachen. Zu dieser inneren Stabilität gesellt sich ein hohes Maß an Sensibilität und Mitgefühl mit allem, was lebt. Menschen mit einem harmonischen Qi in ihrer Mitte sind sehr gefühlvoll und in der Lage, diese Gefühle zu zeigen. Ein gut funktionierendes Nabel-Chakra bewirkt auf der körperlichen Seite, dass der Stoffwechsel reibungslos funktioniert und äußere Reize und Erlebnisse gut verarbeitet werden. Mit ausreichend Qi im dritten Chakra schlafen wir gut und tief und besitzen ein stabiles Nervenkostüm. Uns durchströmt das Gefühl inneren Friedens und der Ausgeglichenheit. Wir nehmen uns an, wie wir sind, und sind darüber hinaus fähig, die Gefühle und Besonderheiten anderer Menschen zu respektieren.

Bei schweren akuten Erkrankungen sollten Sie auf jeden Fall einen Arzt aufsuchen. Selbstbehandlung ist dann nicht angezeigt. Viele der hier beschriebenen Anwendungen und Methoden eignen sich jedoch begleitend zu jeder Art von Therapie.

Disharmonische Funktion

Eine einseitige Betonung des Nabel-Chakra-Qi wirkt sich in negativen Persönlichkeitszügen aus: Machtgier, Getriebenheit, übertriebenem Ehrgeiz, Neid, Eifersucht, Zerstörungswut. Im Gegenzug kann es zu Gefühlskälte, Gleichgültigkeit, Rücksichtslosigkeit oder Unsicherheit und mangelndem bzw. überzogenem Selbstbewusstsein kommen. Solche Menschen wirken als klassische Familientyrannen oder Despoten. Alles wird der eigenen Person untergeordnet. Dabei wird Bestätigung nur im äußeren Leben und in der Anhäufung von materiellen Gütern gesucht. Menschen mit einem zu starken Nabel-Chakra-Qi können einen enormen Aktivitätsdrang entwickeln, womit sie Gefühle der Unzulänglich-

DRÜSE DES NABEL-CHAKRAS: BAUCHSPEICHELDRÜSE

Die Bauchspeicheldrüse spielt eine Rolle bei der Verarbeitung unserer Nahrung. Sie produziert Verdauungsenzyme, die für den Eiweiß- und Fettstoffwechsel verantwortlich sind, und schüttet das Hormon Insulin aus, das den Blutzuckerspiegel und den Kohlenhydratstoffwechsel reguliert.

keit überdecken. Unerwünschte Gefühle werden unterdrückt, was sich in Wutausbrüchen und Gereiztheit Bahn bricht. Es mangelt an innerer Gelassenheit, und ihnen fällt es schwer, loszulassen und zu entspannen.

Bei einer Unterfunktion des Nabel-Chakras kommt es zu Unsicher-

NEUN ALLTAGSTIPPS FÜR IHR NABEL-CHAKRA

1 Wiederholen Sie morgens nach dem Aufstehen und abends vor dem Zubettgehen langsam die heilsamen Affirmationen:

- Ich treffe alle meine Entscheidungen bewusst und klar.
- Ich nutze meine Kraft, um andere zu unterstützen.
- Ich bejahe das Leben und vertraue mir und meinen Gefühlen.

2 Öffnen Sie sich der Kraft der Sonne. Genießen Sie den höchsten Stand der Sonne um die Mittagszeit und nehmen Sie eine »Lichtdusche« oder ein kurzes Sonnenbad.

3 Meditieren Sie vor einer Kerze oder einem offenen Feuer.

4 Halten Sie sich warm, unternehmen Sie einen Saunabesuch und treiben Sie maßvollen Sport, der Sie gut durchwärmt.

5 Lernen Sie, Ihre Emotionen auszudrücken. Besuchen Sie eine Theatergruppe oder einen Malkurs und zeigen Sie Ihr schöpferisches Potenzial.

6 Empfehlenswerte ätherische Öle sind Lavendel, Kamille, Anis und Zitrone. Geben Sie drei bis vier Tropfen eines Öls mit etwas destilliertem Wasser in eine Duftlampe.

7 Empfehlenswerte Bachblüten für das Nabel-Chakra sind:
Dreimal täglich je fünf Tropfen Hornbeam, Impatiens oder Scleranthus.

8 Wählen Sie intuitiv einen der folgenden Edelsteine aus: Citrin, Chrysberyll, Bernstein, Tigerauge oder gelber Jaspis. Nehmen Sie ihn zwischen die Hände und halten Sie ihn so lange, bis Ihre Handflächen die Energien des Steines aufgenommen haben. Dann legen Sie die Hand auf das dritte Chakra. Sie können den Stein auch direkt auf das Nabel-Chakra legen.

9 Arbeiten Sie daran, Ihre Persönlichkeit stetig und harmonisch weiterzuentwickeln. Versuchen Sie, Ihren Einflussbereich dazu zu nutzen, dass etwas Gutes daraus entsteht. Entwickeln Sie Ihre Sensibilität und Ihr Mitgefühl für alles, was lebt. Wichtig für ein gut funktionierendes Persönlichkeitschakra ist die Fähigkeit zur Entspannung. Ihr Chakra-Qi-Gong sollte deshalb zur täglichen Routine für Sie werden. Richten Sie Ihre Aufmerksamkeit auch auf das Qi des komplementären Chakras, des Hals-Chakras, das für Kommunikation, Inspiration und Wahrheit steht (→ Seite 58), sowie auf das Qi Ihres Herz-Chakras, dessen Energie immer heilend wirkt.

heit, Selbstmitleid und Sentimentalität sowie einem Mangel an Orientierung im Leben. Als Persönlichkeit wirken Menschen mit einem schwach ausgeprägten Nabel-Chakra-Qi als graue Mäuse und sind oft überangepasst. Mutlosigkeit und das Gefühl, das das Leben voller Hindernisse ist, stellt sich ein. Schwächend auf das Nabel-Chakra wirken sich Reizstoffe wie Alkohol oder Koffein aus. Auf der körperlichen Seite drückt sich dies oft in Form von Magenleiden, Essstörungen, Bauchspeicheldrüsen-Dysfunktionen, Leber- und Gallenbeschwerden, Dysfunktionen der Speicheldrüsen oder Zwölffingerdarm-Entzündungen aus.

Das Nabel-Chakra aktivieren

Wenn Sie genau wissen möchten, ob die Qi-Versorgung ausreichend und der Qi-Fluss in Ihrem Nabel-Chakra harmonisch ist, führen Sie bitte den Test auf Seite 88f. durch. Bei den folgenden Problemen und seelischen Beschwerden empfiehlt es sich, am dritten Chakra zu arbeiten:

- Essstörungen
- Chronische Magenbeschwerden
- Erkrankungen der Leber, Milz und Gallenblase
- Darmbeschwerden
- Probleme mit der Bauchspeicheldrüse
- Rückenschmerzen im Lendenwirbelbereich
- Nervenerkrankungen
- Diabetes
- Übergewicht
- Arthritis
- Schlafstörungen und Albträume
- Mangelndes Selbstwertgefühl
- Entscheidungsschwäche
- Angst vor Autoritäten
- Selbstmitleid und übertriebene Sentimentalität
- Egozentrisches Verhalten
- Gereiztheit, Aggressivität und cholerisches Verhalten
- Rücksichtslosigkeit und Gefühlskälte

Farbmeditation Nabel-Chakra: Setzen Sie sich im Schneidersitz auf den Boden oder ein flaches Kissen. Schließen Sie die Augen und atmen Sie ruhig und tief in Ihrem eigenen Atemrhythmus. Legen Sie Ihre Hände mit den Handrücken auf Ihre Oberschenkel. Die Handflächen sind wie eine Schale nach oben geöffnet. Lassen Sie vor Ihrem inneren Auge einen goldgelben warmen Wirbel aus Licht entstehen, der oberhalb Ihres Nabels kreist. Mit jedem Einatmen wird das Licht stärker, mit jedem Ausatmen zieht es sich in sich zusammen.

Chakra-Qi-Heilübung für das Nabel-Chakra

Führen Sie bei einem schwachen oder blockierten Nabel-Chakra-Qi nach dem Aufstehen die folgende Heilübung durch:

- Legen Sie sich entspannt auf den Rücken und schließen Sie Ihre Augen. Reiben Sie Ihre Handflächen aneinander, bis die Hand-Chakras warm und energiegeladen sind.
- Legen Sie nun die linke Hand oberhalb des Nabels in die Mitte des Bauchs und die rechte Hand darüber. Atmen Sie langsam in den Bauch und spüren Sie, wie er sich beim Einatmen dehnt und beim Ausatmen flach wird.
- Atmen Sie siebenmal tief ein und aus. Spüren Sie beim Einatmen, wie Sie gelbes Qi aufnehmen. Lassen Sie bei jedem Ausatmen mit gelbem Licht erfülltes Qi aus Ihren Händen in das Nabel-Chakra strömen.
- Legen Sie die Arme zur Seite und spüren Sie nach.

In der TCM hat das Gespräch zwischen Arzt und Patient einen hohen Stellenwert. Dieser verordnet erst nach einer gründlichen Untersuchung und der Berücksichtigung der individuellen Lebens- und Denkweise seines Patienten die ihm angemessen erscheinenden Therapien.

Chakra-Qi-Heilmassage für das Nabel-Chakra

- Streichen Sie die Rückenmuskulatur in Höhe des vierten Lendenwirbels mit den Fingerspitzen zwanzigmal von unten nach oben aus.
- Legen Sie dann die linke Hand auf den Nabel und die rechte in derselben Höhe auf den Rücken. Massieren Sie diese Stellen kreisend und abwechselnd zwanzigmal.

CHAKRAS LOKALISIEREN

Sie können die Lage Ihrer Chakras mit einer einfachen Methode herausfinden. Dazu binden Sie einen Faden an einen Metallring und halten ihn dann an die Körperregionen, die Sie prüfen wollen, sodass sich der Ring frei kreisend bewegen kann.

Sobald er vor einem Chakra hängt, beginnt er zu kreisen. Wenn nichts geschieht, bewegen Sie den Ring langsam weiter nach oben oder nach unten. So lokalisieren Sie den genauen Sitz Ihrer Energiezentren. Prägen Sie sich diese Körperstellen genau ein. Wenn Sie gut zeichnen können, machen Sie eine Skizze.

Das Herz-Chakra

Weitere Bezeichnungen: Viertes Chakra, Brust-Chakra

Lage: Das vierte Chakra befindet sich auf Höhe der Brustwirbelsäule in Höhe des Herzens und in der Brustmitte.

Körperliche Aspekte: Mit der Energie aus dem Herz-Chakra wird der gesamte Brustkorb, das Herz, die Lunge und der Kreislauf versorgt. Auch die Haut, das Blut sowie Hände, Arme und die obere Rückenpartie werden durch seine Energie gestärkt. Über die Hände schafft es eine direkte Verbindung zur Außenwelt. Das vierte Chakra strahlt auch auf die Brustwirbelsäule und auf den oberen Rücken aus, weshalb eine gute Qi-Versorgung sich immer in einer aufrechten Haltung zeigt. Auch die Atmung unterliegt der Funktion des vierten Chakras, da von ihm auch Lunge und Bronchien mit Qi gespeist werden. Über den Blutkreislauf ist das Herz-Chakra mit allen Körperteilen verbunden. Ohne den Sauerstoff aus dem Blut kann keine Zelle im Organismus existieren.

Übergeordnete Themen: Das Herz-Chakra gilt als das Zentrum der Liebe, des Mitgefühls gegenüber allen Wesen und der Fähigkeit, sich in sie hineinzuversetzen, sowie der Gefühle der Geborgenheit und Menschlichkeit. Durch das Qi, das hier strömt, sind wir in der Lage, uns anderen zuzuneigen, selbstlose Liebe oder Nächstenliebe zu empfinden und Beziehungen zu anderen Menschen zu knüpfen. Doch auch die überpersönliche Liebe ist im Herz-Chakra verkörpert.

Dieses Chakra bildet die Mitte des Menschen und verbindet die unteren drei Chakras, die die körperliche und emotionale Grundlage des Lebens darstel-

STECKBRIEF HERZ-CHAKRA

Lage: Brustmitte in der Höhe des anatomischen Herzens

Element: Luft

Farbe: Grün, rosa, gold

Sinn: Tastsinn

Zentrale Themen: Liebe, Mitgefühl, Menschlichkeit, Geborgenheit, Zuneigung, Herzensgüte, Offenheit, Toleranz

Grundprinzip: Seinshingabe

Seinsbereich: Mensch

Positive seelisch-geistige Aspekte: Nächstenliebe, Selbstwertgefühl, gesunde Abgrenzung, Gefühlswärme, künstlerische Ausdruckskraft (Beseeltheit), Gruppenbewusstsein

Körperliche Zuordnungen: Herz, oberer Rücken mit Brustkorb und Brusthöhle, unterer Lungenbereich, Bronchien, Blut und Blutkreislaufsystem, Haut, Arme und Hände

Grundsymbol: Zwölfblättriger Lotus, Hexagramm

len, mit den oberen drei Chakras, die das höhere menschliche Bewusstsein spiegeln. Insofern wird es auch häufig als das »Tor zur Seele« bezeichnet. Das vierte Chakra ist gleichermaßen Verbindungs- und Mittelpunkt der körperlichen und geistigen Ebene. Auf dieser Grundlage entsteht die Toleranz für andere Menschen und Ideen, die Basis der Mitmenschlichkeit.

Harmonische Funktion

Nach dem Prinzip von Yin und Yang bewirkt jede dauerhafte Anstrengung ein Ungleichgewicht und kann so zum krankheitsauslösenden Faktor werden. Das gilt auch für jede übermäßige oder der Konstitution unangemessene sportliche Betätigung.

Ein ausgeglichenes Herz-Chakra hilft uns dabei, Verantwortung für andere zu übernehmen sowie uns selbst liebevoll mit all unseren Stärken und Schwächen anzunehmen und mit dieser Einstellung unseren Mitmenschen zu begegnen. Auf diese Weise fördert das Herz-Chakra-Qi unserer innere Ausgeglichenheit sowie die Ausstrahlung von großer Kraft und Offenheit, die eine Liebe zu allem Seienden entstehen lässt, welche frei von jeglichen egoistischen Interessen und nur um ihrer selbst willen da ist. Über das Herz-Chakra stehen wir in Kontakt mit allem anderen und wollen mit den Dingen in Berührung sein. Wir nehmen über ein starkes Herz-Chakra-Qi die Schönheit der Natur sowie die Harmonie in der Musik, in der Malerei und der Dichtung wahr. Kulturellen Freuden können wir uns erst wirklich öffnen, wenn unserer Herz-Chakra gut mit Qi versorgt ist.

Dieses Chakra verfügt darüber hinaus über ein enormes Heilungspotenzial; schließlich kann uns nur die Liebe zu uns selbst und das Annehmen unseres ganzen Wesens heilen und harmonisieren. Der Tastsinn, der dem Herz-Chakra zugeordnet ist, ermöglicht daher nicht nur liebevolle Berührung, sondern über unsere Hände auch Heilung, die wir anderen zukommen lassen können.

Unsere Umwelt kann von unserem harmonischen Herz-Chakra-Qi profitieren, da wir mit seiner Hilfe die Menschen in unserem Umfeld einen können. Man selbst strahlt dabei natürliche Herzlichkeit, Freundlichkeit und Wärme aus. Diese Gefühle sind frei von inneren Zweifeln und Unsicherheit und entstehen aus der reinen Freude am Geben. Mit einem ausgewogenen Herz-Chakra fühlt man sich in der Schöpfung geborgen und ist bei allem »mit dem Herzen dabei«.

Disharmonische Funktion

Auf der einen Seite kann sich eine einseitige Betonung oder Fehlfunktion des Herz-Chakras darin zeigen, dass man gerne geben möchte, dabei aber nicht mit der Quelle der selbstlosen Liebe verbunden ist. Insgeheim erwartet man sich eine Anerkennung für seine Liebe und ist entsprechend enttäuscht, wenn diese dann nicht gewürdigt wird. Oder man ist durchaus fähig zu geben, aber nicht in der Lage, Liebe von anderen anzunehmen, weil man vielleicht das Gefühl hat, sie nicht nötig zu haben. Bei einer Überfunktion kann es auch dazu kommen, dass man die Toleranz zu weit treibt und sich selbst dabei vernachlässigt und schließlich aufgibt (Helfersyndrom).

Bei einer Unterfunktion des Brust-Chakras zeigt man sich als leicht verletzbar und abhängig von der Anerkennung und Liebe anderer. Zurückweisungen lassen sich nur schwer ertragen. Irgendwann zieht man sich aus Angst vor neuerlicher Zurückweisung ganz zurück. Möglich ist auch die Entwicklung eines besonders zuvorkommenden Naturells, das unpersönlich bleibt und es einem nicht ermöglicht, sich tiefer auf andere Menschen einzulassen. Ist das Qi völlig blockiert, neigt man dazu, rücksichtslos gegen sich selbst und gegen andere zu sein bis hin zur »Herzlosigkeit«.

Ein harmonisches Herz-Chakra ermöglicht uns das liebevolle Berühren und erfüllt uns mit Freude am Geben.

DRÜSENENTSPRECHUNG DES HERZ-CHAKRAS: THYMUSDRÜSE

Die Thymusdrüse spielt eine wichtige Rolle innerhalb unseres Immunsystems und stärkt es. Sie steuert und regelt das Wachstum und wirkt auf das Lymphsystem. Wenn die Thymusdrüse gestört ist, erhöht sich die Krankheitsanfälligkeit durch Allergien, Asthma oder Infektionen.

Auf der körperlichen Seite kann sich ein einseitig betontes oder blockiertes Herz-Chakra-Qi vor allem durch Herzbeschwerden und Atemwegserkrankungen bemerkbar machen. Dazu gehören in erster Linie Erkältungen, die von Husten und Bronchitis begleitet werden, aber auch Asthma oder Lungenentzündung. Herzrhythmusstörungen, Angina Pectoris aber auch Arteriosklerose sowie im schlimmsten Fall ein Herzinfarkt sind ebenfalls auf ein geschwächtes viertes Chakra zurückzuführen.

Das Herz wird in der chinesischen Medizin als Kaiser der Organe bezeichnet. Für die Diagnose von Herz-Kreislauf-Erkrankungen ist u. a. das Aussehen der Zunge sehr wichtig: Dicke und Farbe des Belags sowie die Durchblutung des Zungenkörpers geben beispielsweise Aufschluss über den Gesundheitszustand.

Verspannungen sowie Schulterschmerzen und rheumatische Erkrankungen der Fingergelenke und Arme gehören auch zu dem Beschwerdenkreis, der sich durch eine Unterfunktion dieses Chakras bilden kann. Hauterkrankungen können zwar auch mit Qi-Blockaden anderer Chakras zusammenhängen. Trotzdem sollte dieses Chakra immer behandelt werden, wenn es darum geht, Hautsymptome zu harmonisieren. Das gilt vor allem bei schwer heilenden Wunden und offenen Ekzemen (Neurodermitis). Schließlich ist die Haut das Organ, das für den Kontakt zur Außenwelt und die Abgrenzung unseres Inneren nach außen steht.

Das Herz-Chakra aktivieren

Wenn Sie genau wissen möchten, ob die Qi-Versorgung ausreichend und der Qi-Fluss in Ihrem Herz-Chakra harmonisch ist, führen Sie bitte den Test auf Seite 89 durch. Bei den folgenden Problemen und seelischen Beschwerden empfiehlt es sich, am vierten Chakra zu arbeiten:

- Herzrhythmusstörungen
- Angina Pectoris
- Arteriosklerose (Arterienverkalkung)
- Schmerzen im Brustbereich
- Bluthochdruck/niedriger Blutdruck
- Atembeschwerden

- Husten und Bronchitis
- Asthma
- Lungenerkrankungen
- Rückenschmerzen im Bereich der Brustwirbelsäule
- Schulterschmerzen
- Neurodermitis
- Gefühlskälte
- Einsamkeitsgefühle
- Kontaktschwierigkeiten
- Schwierigkeiten, sich von anderen abzugrenzen
- Wenn es Ihnen nur gelingt, auf eine unpersönliche Art freundlich zu sein

Chakra-Qi-Heilübung für das Herz-Chakra

Führen Sie bei einem schwachen oder blockierten Herz-Chakra-Qi nach dem Aufstehen die folgende Heilübung durch:

- Legen Sie sich entspannt auf den Rücken und schließen Sie Ihre Augen. Reiben Sie Ihre Handflächen aneinander, bis die Hand-Chakras warm und energiegeladen sind.
- Legen Sie die linke Hand in Höhe des Herzens in die Mitte der Brust und die rechte Hand über Kreuz darüber. Atmen Sie langsam ein und aus.
- Atmen Sie siebenmal tief ein und aus. Spüren Sie beim Einatmen, wie Sie grünes Qi aufnehmen. Lassen Sie bei jedem Ausatmen mit grünem Licht erfülltes Qi aus Ihren Händen in das Herz-Chakra strömen.
- Legen Sie die Arme zur Seite und spüren Sie nach.

Chakra-Qi-Heilmassage für das Herz-Chakra

Diese Qi-Massage hilft ebenfalls, Ihr Herz-Chakra in einen ausgewogenen Zustand zu bringen:

- Zwicken Sie mit dem rechten Daumen und Zeigefinger in die Fingerspitzen der anderen Hand.
- Massieren Sie dann mit Daumen und Zeigefinger jeden Finger der anderen Hand folgendermaßen: Schieben Sie bei jedem Fin-

Positive Energiearbeit ist auch mit den sogenannten Qi-Gong-Kugeln möglich. Zwei oder mehrere Kugeln verschiedener Größe werden dabei in den Händen gerollt oder zur Massage genutzt. Die positiven Wirkungen dieser Behandlung erklären sich aus dem Akupressurprinzip. Sie bekommen die Kugeln in der Regel mit einer kurzen Gebrauchsanleitung in Asialäden oder Buchhandlungen.

ger zehnmal mit den Fingern der anderen Hand von unten nach oben. Streichen Sie dann denselben Finger zehnmal aus.

- Massieren Sie dann mit der Daumenspitze zwanzigmal den Handteller der anderen Hand und anschließend zwanzigmal den Bereich in der Mitte der Handgelenksfalte. Dann drücken Sie zwanzigmal in den Bereich in der Handgelenksfalte.

ACHT ALLTAGSTIPPS FÜR IHR HERZ-CHAKRA

1 Wiederholen Sie nach dem Aufstehen und vor dem Zubettgehen langsam und deutlich folgende Affirmationen:
- Ich liebe mich selbst, so wie ich bin.
- Durch die Kraft meines Mitgefühls verbinde ich mich mit allen Wesen.
- Ich öffne mein Herz, um Liebe zu schenken und sie mit Freude anzunehmen.

2 Suchen Sie sich Plätze in der freien Natur, z. B. grüne Wälder, Wiesen und Felder. Das Herz-Chakra lässt sich besonders durch das Erlebnis unberührten Grüns stärken.

3 Verwöhnen Sie sich und lassen Sie sich von Ihrem Partner liebevoll massieren.

4 Pflegen und verwöhnen Sie alle Ihre Lieben, mit denen Sie zusammenleben, und freuen Sie sich über die Liebe, die Ihnen entgegenkommt. Das gilt auch für Freunde und gute Bekannte, denen Sie warmherzig gegenübertreten sollten, jedoch immer unter Wahrung Ihrer Grenzen.

5 Empfehlenswerte ätherische Öle für die Aromatherapie:
Rose, Estragon und Jasmin. Geben Sie drei bis vier Tropfen eines Öls mit etwas destilliertem Wasser in eine Duftlampe.

6 Empfehlenswerte Bachblüten für das Herz-Chakra sind:
Dreimal täglich je fünf Tropfen Red Chestnut oder Chicory oder Willow.

7 Wählen Sie intuitiv aus den folgenden Edelsteinen aus: Smaragd, Jade, Chrysopras oder Rosenquarz. Nehmen Sie den Stein zwischen die Hände und halten ihn so lange, bis Ihre Handflächen die Energien des Steines aufgenommen haben. Dann legen Sie die Hand auf das vierte Chakra. Sie können den Stein auch direkt auf das Herz-Chakra legen.

8 Versuchen Sie der Kraft Ihrer Liebe zu einem kreativen Ausdruck zu verhelfen. Malen Sie, legen Sie einen Rosengarten an, kochen Sie ein Festmahl für Ihre Lieben. Schenken Sie Ihre Liebe und nehmen Sie die Liebe der anderen freudig an. Machen Sie sich bewusst, dass eine Entwicklung auf allen Ebenen wichtig ist, und betreiben Sie deshalb die gleichmäßige Entwicklung und energetische Harmonisierung aller Chakras. Denn dem Herz-Chakra ist kein komplementäres Chakra zugeordnet. Es bildet das in sich ruhende Zentrum.

- Umfassen Sie dann die Hand etwas oberhalb des Handgelenks und beugen Sie die Hand, strecken sie und lassen sie erst mit und dann gegen den Uhrzeigersinn kreisen.
- Zum Schluss strecken Sie den Arm aus und reiben Sie mit den oberen Fingergliedern zwanzigmal den Bereich in der Mitte zwischen Ellenbogenbeuge und -spitze.
- Streichen Sie dann mit der Handfläche zwanzigmal die Ellenbogenbeuge und -spitze nach unten aus. Anschließend beugen und strecken Sie den Ellenbogen zehnmal.
- Wiederholen Sie die Anwendung mit der anderen Hand.

Chakra-Qi-Farbmeditation für das Herz-Chakra

Wie bei allen Chakras stärkt eine Farbmeditation auch das Herz-Chakra und befördert den Fluss des Qi:

- Setzen Sie sich im Schneidersitz auf den Boden oder ein flaches Kissen. Ihre Wirbelsäule ist aufgerichtet. Schließen Sie die Augen und atmen Sie ruhig und tief in Ihrem eigenen Atemrhythmus. Lassen Sie den Atem kommen und gehen.
- Legen Sie Ihre Hände über Kreuz auf Ihr Herz-Chakra.
- Lassen Sie vor Ihrem inneren Auge einen grünen Wirbel aus Licht entstehen, der im Mittelpunkt Ihres Brustkorbs an der Stelle kreist, an der sich Ihre Hände befinden.
- Mit jedem Einatmen wird das Licht stärker, mit jedem Ausatmen zieht es sich in sich zusammen. Das Licht pulsiert in Ihrem Atemrhythmus.
- Stellen Sie sich vor, dass das Herz-Chakra mit jedem Einatmen Qi aufnimmt und das grüne Leuchten verstärkt.
- Atmen Sie so lange ganz entspannt weiter, bis Sie das Gefühl haben, Ihr Herz-Chakra ist ganz von dem Qi des grünen Lichts erfüllt.
- Spüren Sie nun, wie die Qi-Energie in den Brustraum strömt. Wenn Sie das Gefühl haben, Ihr Körper ist wohltuend durch das Herz-Chakra-Qi belebt, so atmen Sie noch ein paar Mal ruhig durch, öffnen dann die Augen, recken und strecken sich und kehren in den Alltag zurück.

Der Blutdruck kann je nach Tagesverfassung sehr schwanken. Auch psychische Gründe spielen eine große Rolle: So gibt es nicht wenige Menschen, deren Blutdruck bei Messungen aus innerer Anspannung stark ansteigt, während sie sonst eigentlich normale Werte haben. Bei Problemen mit dem Blutdruck sind in der Regel das Nieren- und das Leber-Qi gestört.

Das Hals-Chakra

Weitere Bezeichnungen: Fünftes Chakra, Kehl-Chakra, Ausdrucks-Chakra

Lage: Das fünfte Chakra befindet sich im Bereich der Halswirbelsäule, etwa in Höhe des Kehlkopfs.

Körperliche Aspekte: Mit der Energie aus dem Hals-Chakra werden Hals, Kiefer, Kehlkopf, Speise- und Luftröhre gespeist. Mit der Funktion der fünften Chakras werden auch die Atmung und der Klang der Stimme verbunden. Das Qi des Kehlkopf-Chakras versorgt außerdem die Halswirbelsäule und den Nacken sowie die Schultern. Weitere Organe, die unmittelbar mit dem fünften Chakra verbunden werden, sind die Ohren und das Gehör sowie die Schilddrüse und die Nebenschilddrüse, die unmittelbar unter dem Kehlkopf liegen und im Hormonkreislauf und im Stoffwechsel eine wichtige Rolle spielen. Insofern ist das Kehl-Chakra von großer Bedeutung für die Gesundheit des gesamten Organismus.

Übergeordnete Themen: Kommunikation und Sprache, Klarheit im Ausdruck, sich verständlich machen können und Verständnis sind die Hauptaspekte des fünften Chakras. Seine Energie stammt ursprünglich aus dem Herz-Chakra und lässt uns die richtigen Worte finden und sie auch aussprechen, was ebenso bedeutsam für den geistigen Austausch zwischen Menschen ist wie das konzentrierte und aufmerksame Zuhören. Über das Kehl-Chakra werden das Herz- und Stirn-Chakra miteinander verbunden, insofern steht es als Mittler zwischen Fühlen und analytischem Denken, zwischen der tiefen Liebe und der Intuition, deren Kraft vom Stirn-Chakra herrührt. Auch unser

STECKBRIEF HALS-CHAKRA

Lage: Halswirbelsäule, Kehlkopfbereich
Element: Äther
Farbe: Hellblau, silbrig, grünlich-blau
Sinn: Hörsinn
Zentrale Themen: Kommunikation, Selbstausdruck, geistige Energie, Inspiration, Wahrheit, innere Unabhängigkeit
Grundprinzip: Seinsresonanz
Seinsbereich: Himmel
Positive seelisch-geistige Aspekte: Kommunikationsfähigkeit, vielseitige Interessen, harmonisches Ich-Bewusstsein, Lern- und Konzentrationsfähigkeit, starker Intellekt
Körperliche Zuordnungen: Hals, Kiefer, Mund, Kehlkopf, Speise- und Luftröhre, Atemwege, Stimme, Nacken, Schulterbereich, Ohren
Grundsymbol: Sechzehnblättriger Lotus, Kreis

Die Liebesfähigkeit eines Menschen hängt von einem harmonischen Hals-Chakra ab.

Selbstausdruck wird durch dieses Chakra gesteuert, indem es Körperhaltung, Mimik, Gestik und Sprache strukturiert. Doch das Kehl-Chakra ist nicht nur eine Schnittstelle zur Außenwelt, sondern zugleich Spiegel unserer Innenwelt. Dazu stellt es ein geistiges Energiezentrum dar, das gedankliche Höhenflüge ermöglicht. Auch das Streben nach Weisheit und Wahrheit sind hier verankert, ebenso die kreative Energie, die wir benötigen, um neue Ideen geistig auszuarbeiten. Jede Intelligenzleistung hat hier ihre Quelle.

Harmonische Funktion

Ein ausgeglichenes Hals-Chakra ist eng mit der Entwicklung des Herz-Chakra-Qi verknüpft. Ist die Liebesfähigkeit eines Menschen voll entwickelt und kann er sich ganz akzeptieren, so passt er sich harmonisch »in den Chor des Lebens« ein. Schließlich öffnet uns das Hals-Chakra den Weg zur Welt des Klangs und zur Musik. Liebevolle Kommunikation ist möglich, wenn das Qi im Hals-Chakra harmonisch fließen kann. Erst dieses Chakra bringt die Kräfte der anderen Chakras nach außen und zum Ausdruck, indem wir mit anderen in einen geistigen Austausch treten.

Ein harmonisches Hals-Chakra lässt uns an der rechten Stelle schweigen und uns ansonsten kreativ zum Ausdruck bringen. Dabei stellt die Gemeinschaft und die Kommunikation mit anderen eine Bereicherung dar, die wir als Förderung unserer Persönlichkeitsentwicklung betrachten und die das tägliche Leben sehr erleichtern kann. Auch lernen wir im Kontakt zu anderen, uns und unsere Standpunkte klar und deutlich zu vertreten. Wir sind in der Lage, offen und furchtlos für uns einzustehen, Schwächen zu offenbaren, Stärken zu zeigen und uns auch angesichts von Widerständen treu zu bleiben. Zudem können wir mit tiefem Verständnis und ganzem Herzen zuhören und verstehen. Wir lassen uns nicht von anderen vereinnahmen, bewahren uns unsere innere Unabhängigkeit und sind in der Lage, unsere Bedürfnisse und Wünsche frei und auf die wirksamste Weise zu vermitteln.

Bei einem wunden Hals durch zu vieles und angestrengtes Sprechen hilft auch das Gurgeln mit einer Abkochung aus 15 Gramm getrockneten Geißblattblüten und 3 Gramm Süßholz. Wer häufig unter solchen Erscheinungen leidet, sollte regelmäßig Atemübungen durchführen.

Disharmonische Funktion

Bei einseitiger Betonung oder Fehlfunktion des Hals-Chakras ist die Verständigung zwischen Kopf und Körper gestört. Dies äußert sich in verschiedener Weise. Entweder fällt es Ihnen schwer, über Ihre Gefühle nachzudenken, und Sie äußern Ihre Emotionen in Form von unbedachten Handlungen. Oder Sie haben sich in Ihrer Intellektualität von Ihrer Umwelt abgeschnitten und verleugnen Ihre tiefen Emotionen. Sie erlauben sich auf keinen Fall, schwach zu erscheinen, geben sich stark und neigen unter Umständen dazu, Ihre Individualität überzubetonen. Dabei überspielen Sie Ihre tiefe Unsicherheit und setzen sich so unter Druck, dass Ihre Anforderungen an sich selbst irgendwann erdrückend wirken. Auch Menschen, die dazu neigen, andere zu manipulieren, oder versuchen, durch einen starken Redefluss alle Aufmerksamkeit auf sich zu ziehen (Demagogie), leiden unter einem disharmonischen Hals-Chakra-Qi.

DRÜSENENTSPRECHUNG DES HALS-CHAKRAS: SCHILDDRÜSE

Eine zentrale Rolle beim Wachstum des Skeletts und aller Organe spielt die Schilddrüse. Sie sorgt für den Ausgleich zwischen körperlichem und geistigem Wachstum, steuert den Stoffwechsel und damit die Energieumwandlung und den Energieverbrauch aus der Nahrung. Zudem regelt sie den Zell- und den Jodstoffwechsel sowie den Kalziumspiegel im Blut.

Bei einer Unterfunktion des Hals-Chakras hat man Schwierigkeiten, sich richtig auszudrücken und sich vor allem in der Gesellschaft selbstbewusst darzustellen. Schüchternheit, Hemmungen, Sprachstörungen und ein allgemeiner Mangel an Ausdrucksmöglichkeiten können Anzeichen für ein unterversorgtes Hals-Chakra-Qi sein. Das Vertrauen in die eigenen intuitiven Kräfte ist schwach, und man neigt in diesem Fall dazu, sich eher an anderen zu orientieren. Auf der körperlichen Seite kann sich ein zu starkes oder zu schwaches Hals-Chakra-Qi in Nacken- und Schulterschmerzen durch Verspannungen, Heiserkeit, Halsschmerzen und Schluckbeschwerden, Sprachstörungen, Schilddrüsenleiden oder Entzündungen im Mund- und Rachenraum sowie an Zahnproblemen zeigen.

Die Rachenmandeln erfüllen im Körper wichtige Aufgaben für die Immunabwehr: Sie sollten so lange wie möglich erhalten werden. Bei immer wiederkehrenden Entzündungen suchen Sie bitte einen TCM-Arzt auf, der Ihnen eine stärkende Behandlung verordnen wird.

Das Hals-Chakra aktivieren

Wenn Sie genau wissen möchten, ob die Qi-Versorgung ausreichend und der Qi-Fluss in Ihrem Hals-Chakra harmonisch ist, führen Sie bitte den Test auf Seite 90 durch. Bei den folgenden Problemen und Beschwerden empfiehlt es sich, am fünften Chakra zu arbeiten:

- Halsschmerzen und Heiserkeit
- Mandelentzündung
- Entzündungen im Mund und Rachenraum
- Zahn- und Zahnfleischerkrankungen
- Verspannungen der Hals- und Nackenmuskeln
- Mittelohrentzündung
- Hörbeschwerden
- Schilddrüsenprobleme
- Sprachfehler oder Sprechstörungen
- Wenn Sie nicht zeigen zu können, was in ihnen steckt
- Schüchternheit
- Wenn Sie das Gefühl haben, nie den richtigen Ton zu finden
- Wenn Sie Angst davor haben, Ihre Meinung zu vertreten

Chakra-Qi-Heilübung für das Hals-Chakra

Führen Sie bei einem schwachen oder blockierten Hals-Chakra-Qi morgens nach dem Aufstehen die folgende Heilübung durch:

- Legen Sie sich entspannt auf den Rücken und schließen Sie Ihre Augen. Reiben Sie Ihre Handflächen aneinander, bis die Hand-Chakras warm und energiegeladen sind.

ACHT ALLTAGSTIPPS FÜR IHR HALS-CHAKRA

1 Wiederholen Sie morgens nach dem Aufstehen und abends vor dem Zubettgehen langsam folgende Affirmationen:
- Ich bin offen für Wort und Klang.
- Ich spreche die Wahrheit, und meine Worte stammen aus meinem tiefsten Herzen.
- Ich bin unabhängig und frei und erfreue mich meiner Ausdrucksmöglichkeiten.

2 Der Himmel inspiriert und reichert das Hals-Chakra-Qi an. Suchen Sie sich einen Platz, an den Sie sich in aller Ruhe hinlegen können und Ihren Blick auf das helle, durchsichtige Blau eines wolkenlosen Himmels richten können. Öffnen Sie Ihr inneres Wesen für die Weite des Universums.

3 Belebend für das Hals-Chakra wirkt Musik. Besonders wohltuend für das Qi in diesem Chakra sind Choräle, Kantaten oder Mantra-Gesänge. Sie bringen Befreiung und Weite und öffnen das innere Ohr. In der Musik verschmelzen die materielle und die spirituelle Ebene zu reinem Klang.

4 Widmen Sie sich dem Studium fremder Sprachen oder nehmen Sie Gesangsunterricht, um Ihre Stimme zu üben und ihr mehr Ausdruck zu verleihen.

5 Empfehlenswerte Ätherische Öle für die Aromatherapie:
Eukalyptus oder Pfefferminze oder Ingwer. Geben Sie drei bis vier Tropfen eines Öls mit etwas destilliertem Wasser in eine Duftlampe.

6 Empfehlenswerte Bachblüten für das Herz-Chakra:
Dreimal täglich je fünf Tropfen Mimulus oder Agrimony oder Cerato.

7 Wählen Sie intuitiv einen der folgenden Edelsteine aus: Lapislazuli, Aquamarin oder Topas. Nehmen Sie ihn zwischen die Hände und halten Sie ihn so lange, bis Ihre Handflächen die Energien des Steines aufgenommen haben. Dann legen Sie die Hand auf das fünfte Chakra. Sie können den Stein auch direkt auf das Hals-Chakra legen.

8 Streben Sie nach Wahrheit und Wahrhaftigkeit, indem Sie lernen und Erkenntnisse sammeln, und versuchen Sie diese immer wieder zu objektivieren. Denn eine subjektive Wahrheit ist nie die ganze Wahrheit. Nehmen Sie in Auseinandersetzungen immer wieder den Blickwinkel Ihres Gegenübers ein, um wirklich verstehen zu können. Um Streitigkeiten und Disharmonien in der zwischenmenschlichen Kommunikation zu vermeiden, empfiehlt es sich überdies, sich der Entwicklung des Komplementär-Chakras (Nabel-Chakra, → Seite 45) zu widmen und ebenso dem Herz-Chakra.

- Legen Sie nun die Handflächen sanft auf Ihren Hals. Die Finger zeigen dabei zur Unterlage. Atmen Sie langsam ein und aus.
- Atmen Sie siebenmal tief ein und dann tief aus. Spüren Sie beim Einatmen, wie Sie hellblaues Qi aufnehmen. Lassen Sie bei jedem Ausatmen mit hellblauem Licht erfülltes Qi aus Ihren Händen in das Hals-Chakra strömen.
- Legen Sie die Arme zur Seite und spüren Sie nach.

Chakra-Qi-Heilmassage für das Hals-Chakra

Auch eine Heilmassage hilft, das Hals-Chakra in der richtigen Weise auszugleichen:

- Reiben Sie Ihre Hände aneinander, bis sie warm sind, und streichen Sie dann mit den Fingerspitzen zwanzigmal den Bereich Ihres linken Schultergelenks aus.
- Wiederholen Sie diese Anwendung an der anderen Schulter.
- Stützen Sie anschließend mit einer Hand das Schultergelenk und kreisen und heben es, bis es sich locker anfühlt.
- Wiederholen Sie diese Anwendung an der anderen Schulter.
- Heben Sie jetzt den Kopf leicht an und legen Sie dann den Daumen und die anderen Finger der linken Hand um Ihren Kehlkopf. Massieren Sie streichend und ganz sanft zwanzigmal von unten nach oben.
- Streichen Sie zwanzigmal mit der linken Hand vom rechten Ohr bis zum Kehlkopf und wiederholen dies genauso auf der anderen Seite.

Stellen Sie sich bei der Farbmeditation vor, dass das Herz-Chakra mit jedem Einatmen Qi aufnimmt und sich ein hellblaues Leuchten immer weiter verstärkt. Atmen Sie so lange ganz entspannt weiter, bis Sie das Gefühl haben, Ihr Hals-Chakra ist ganz von dem Qi des hellblauen Lichts erfüllt.

Chakra-Qi-Farbmeditation für das Hals-Chakra

Die Meditation über die Farbe Blau bringt das Qi des Hals-Chakras ebenfalls in den richtigen Fluss:

- Setzen Sie sich im Schneidersitz auf den Boden oder ein flaches Kissen. Ihre Wirbelsäule ist gerade aufgerichtet. Schließen Sie die Augen und atmen Sie ruhig und tief in Ihrem eigenen Atemrhythmus. Lassen Sie den Atem kommen und gehen.
- Legen Sie Ihre Hände mit den Handaußenseiten auf Ihre Oberschenkel. Die Handflächen sind wie Schalen nach oben geöffnet.

Die Energie von Edelsteinen kann die Anregung eines Chakras günstig beeinflussen. So kann der Lapislazuli eine positive Wirkung auf den Energiefluss des Hals-Chakras haben.

- Lassen Sie vor Ihrem inneren Auge einen hellblauen Wirbel aus Licht entstehen, der in Höhe Ihres Kehlkopfes kreist.
- Mit jedem Einatmen wird das Licht stärker, mit jedem Ausatmen zieht es sich in sich zusammen. Das Licht atmet in Ihrem Atemrhythmus.
- Stellen Sie sich vor, dass Ihr Herz-Chakra mit jedem Einatmen Qi aufnimmt, das das hellblaue Leuchten verstärkt.
- Atmen Sie so lange ganz entspannt weiter, bis Sie das Gefühl haben, Ihr Hals-Chakra ist ganz von dem Qi des hellblauen Lichts erfüllt.
- Spüren Sie nun, wie die Qi-Energie in den Hals hineinströmt und von hier aus die gesamte Region zwischen Gaumen und Schlüsselbeinen erfüllt.
- Wenn Sie das Gefühl haben, Ihr Körper ist wohltuend durch das Hals-Chakra-Qi belebt, so atmen Sie noch ein paar Mal ruhig durch, öffnen dann die Augen, recken und strecken sich und kehren in den Alltag zurück.

Starke Körperreaktionen, wie sie häufig bei Qi-Gong-Übungen zu beobachten sind, werden durch die verstärkte Produktion von Magensäften und Hormonen ausgelöst.

Das Stirn-Chakra

Weitere Bezeichnungen: Sechstes Chakra, Drittes Auge, Erkenntnis-Chakra

Lage: Das sechste Chakra befindet sich in der Mitte der Stirn zwischen den Augenbrauen und etwas oberhalb der Nasenwurzel.

Körperliche Aspekte: Mit der Energie aus dem Stirn-Chakra werden die drei Sinnesorgane Augen, Ohren und Nase versorgt und vor Erkrankungen geschützt. Darüber hinaus wirkt es auch auf den gesamten Gesichtsbereich mit all seinen Muskeln - und damit auch auf die Mimik - sowie die Nebenhöhlen. Ein starkes Stirn-Chakra-Qi schärft zudem unsere Fähigkeiten der sinnlichen Wahrnehmung von Außeneindrücken und baut zugleich eine intuitive Verbindung zur Seele auf. Da das sechste Chakra die Funktion aller endokrinen, also hormonproduzierenden, Drüsen beeinflusst, ist es wesentlich beteiligt an unserem Allgemeinzustand. Vor allem über den Hypothalamus im Zwischenhirn und die Hypophyse werden alle Regelkreise im Körper gesteuert. Zudem beeinflusst das Stirn-Chakra das Kleinhirn, das alle Körperbewegungen koordiniert, und wirkt somit auch auf unsere Flexibilität und auf die motorischen Fähigkeiten.

Übergeordnete Themen: Über das sechste Chakra nehmen wir unsere Umwelt bewusst und zugleich intuitiv wahr. Hier befinden sich unsere höheren, der spirituellen Welt zugewandten Geisteskräfte, unser Unterbewusstes sowie das intellektuelle Unterscheidungsvermögen und der Verstand und das Gedächtnis. Schließlich münden zwei Meridiane, die vom Wurzel-Chakra entlang der Wirbelsäule aufsteigen, in das Stirn-Chakra. Mit Hilfe des sechsten Chakras können wir uns mit

STECKBRIEF STIRN-CHAKRA

Lage: Zwischen den Augenbrauen, in der Mitte der Stirn

Farbe: dunkelblau, violett

Sinn: »Siebter Sinn«

Zentrale Themen: Intuition, Fantasie, Erkenntnisfindung, Vorstellungskraft, Selbsterkenntnis, Weisheit

Grundprinzip: Seinserkenntnis

Positive seelisch-geistige Aspekte: Seelenverbundenheit, Selbstbewusstsein, Intuition, spirituelle Erleuchtung, heilendes Qi, Vorstellungskraft, Ideenreichtum

Körperliche Zuordnungen: Gesicht, Augen, Ohren, Nase, Nebenhöhlen, Kleinhirn, Zentralnervensystem

Grundsymbol: Geflügelter Kreis

Die Versuchung ist groß, bei Kopfschmerz schnell zur Tablette zu greifen. Neben der potenziellen Suchtgefahr durch derartige Medikamente kann sich bei häufigerer Einnahme eine paradoxe Reaktion einstellen: Der Kopfschmerz wird schlimmer, anstatt sich zu bessern, und es kann darüber hinaus zu allergischen Erscheinungen kommen.

der geistigen Welt verbinden. Das Dritte Auge lässt uns das alltägliche Bewusstsein überschreiten und verbindet uns mit unserer Intuition. Selbsterkenntnis und das Erkennen eines höheren Selbst geschehen durch das Stirn-Chakra. Es deckt alle Facetten unserer Persönlichkeit auf, auch jener Aspekte, die wir vergessen, weggeschoben oder nur vorgegeben haben. Die Fähigkeit, einen sogenannten siebten Sinn zu entwickeln, der einen im richtigen Moment richtig handeln lässt, liegt in einem gut funktionierenden Stirn-Chakra-Qi begründet. Mit Hilfe dieses freien Zugangs zu unserer Intuition lassen sich Probleme gewissermaßen von einer höheren Warte aus betrachten, und wir finden so unseren Weg durch den Dschungel des Lebens.

Harmonische Funktion

Ein ausgeglichenes Stirn-Chakra hilft dabei, das Bewusstsein weiterzuentwickeln. Die Wahrheit hinter allem Seienden zu erkennen, frei von Täuschungen und Trugbildern, ist der wohl wichtigste Aspekt des Stirn-Chakras. Mit einem harmonischen fließenden Qi in diesem Bereich können wir Gesehenes und Erlebtes auf seinen wahren Kern durchschauen und richtig einordnen. Ein wacher Verstand und gut ausgebildete geistige Fertigkeiten sind ein Indiz für ein harmonisches sechstes Chakra, ebenso wie das Interesse an tiefen philosophischen Wahrheiten sowie eine erweiterte Vorstellungskraft und Fantasie. Mit Hilfe dieses Chakra-Qis können wir außerdem gut visualisieren, was bei Heilungsprozessen enorm hilfreich ist, aber auch bei der Umsetzung eigener Wünsche und Ziele im Leben. Die Fähigkeit zu der Erkenntnis, dass geistige Prinzipien und Konzepte wie Yin und Yang oder der Fluss des Qi sich in unserer Umwelt materialisieren, beruht allein auf einem starken Stirn-Chakra. Besonders wichtig ist die tiefe Selbsterkenntnis,

DRÜSENENTSPRECHUNG DES STIRN-CHAKRAS: HYPOPHYSE

Die Hirnanhangdrüse (Hypophyse) wird manchmal auch als Meisterdrüse bezeichnet, da sie die Funktionen aller anderen Drüsen im Organismus steuert. Wie ein Dirigent sorgt sie für ein harmonisches Zusammenspiel der übrigen Drüsen und für den geregelten Ablauf der Hormonkreislaufs, der einen bedeutenden Einfluss auf unser körperlich-seelisches Wohlbefinden hat.

die wir über die Kraft des Stirn-Chakras gewinnen können. Sie bringt uns weiter auf dem Weg zu unserem wahren Selbst, unterstützt die Weiterentwicklung unserer Persönlichkeit und die Entfaltung unserer individuellen Stärken.

Für gläubige Hindus ist der rote Punkt auf dem Stirn-Chakra äußeres Zeichen ihres Glaubens.

Disharmonische Funktion

Ein unausgeglichenes Stirn-Chakra-Qi zeigt sich häufig in einer Überbetonung des Intellekts und der Vernunft. Alles wird über den Verstand geregelt, und man hat sich von den tieferen Wahrheiten abgeschnitten, die einem über die Gefühle und die Intuition mitgeteilt werden. So kommt es zu einer intellektuellen Überheblichkeit, die nur das gelten lässt, was mit dem Verstand erfassbar und mit wissenschaftlichen Methoden beweisbar ist. Spirituelle Erkenntnisse werden als unrealistisch abgetan. Auch das Bestreben, andere Menschen durch Gedankenstärke zu manipulieren und sie für die Durchsetzungen seiner eigenen, selbstsüchtigen Ziele einzuspannen, ist ein Anzeichen für ein gestörtes Drittes Auge. Wobei in diesem Fall in der Regel auch das Nabel-Chakra und das Herz- sowie das Kronen-Chakra wenig entwickelt sind. Realitätsverlust und die Entwicklung von wahnhaften Ideen sowie Ängsten vor Geistern und übernatürlichen Erscheinungen sind ebenfalls auf ein schwaches Stirn-Chakra-Qi zurückzuführen. Hierbei ist in der Regel auch das Wurzel-Chakra geschwächt, es kommt zum Verlust »des Bodens unter den Füßen«. Ein zielloses, labiles Leben sowie die Unfähigkeit, sich zu binden, kann ebenfalls durch ein einseitig betontes Stirn-Chakra verursacht sein.
Auf der körperlichen Seite macht sich ein einseitig betontes Stirn-Chakra oft in Kopfschmerzen oder Migräne bemerkbar sowie in Störungen des Gleichgewichtssinns. Auch Sehstörungen wie Kurz- oder Weitsichtigkeit sowie Probleme in der Farbwahrnehmung beruhen auf einem disharmonischen sechsten Chakra.

Bei einer Unterfunktion des Stirn-Chakras ist nur die sichtbare Welt Realität. Das Leben wird ausschließlich von materiellen Bestrebungen, körperlichen Bedürfnissen und nicht hinterfragten Gefühlen gesteuert. Geistige Auseinandersetzungen werden als anstrengend empfunden oder als unnütz abgetan.
Das Denken wird ausschließlich an der allgemein vorherrschenden Meinung orientiert. Menschen mit einem blockierten Stirn-Chakra sind oft ihrer Tätigkeiten entfremdet, und es ist ihnen egal, womit sie ihr Geld verdienen.

ACHT ALLTAGSTIPPS FÜR IHR STIRN-CHAKRA

1 Wiederholen Sie morgens nach dem Aufstehen und abends vor dem Zubettgehen langsam folgende Affirmationen:
- Ich öffne mich meiner inneren Stimme.
- Ich weiß, dass ich alle Antworten auf meine Fragen in mir selbst finde.
- Ich höre auf meinen siebten Sinn und lasse meiner Fantasie freien Lauf.

2 Das Dritte Auge wird durch den Anblick eines tiefblauen, sternenübersäten Nachthimmels angeregt. Diese Naturerfahrung öffnet den Geist für die unendliche Weite und Tiefe der Schöpfung mit ihren vielfältigen Ausdrucksformen.

3 Regen Sie Ihren Geist durch fantastische Erzählungen, Romane und Märchen an.

4 Interessieren Sie sich für Weisheitslehren aus alten Kulturen, oder beschäftigen Sie sich mit den großen Philosophen des Abendlandes.

5 Empfehlenswerte ätherische Öle sind Veilchen oder Lemongrass oder Cajeput. Geben Sie drei bis vier Tropfen eines Öls mit etwas destilliertem Wasser in eine Duftlampe.

6 Empfehlenswerte Bachblüten für das Stirn-Chakra: Dreimal täglich je fünf Tropfen Crab Apple oder Walnut oder Vine.

7 Wählen Sie intuitiv einen der folgenden Edelsteine aus: Blauer Turmalin, Opal oder Lapislazuli. Nehmen Sie ihn zwischen die Hände und halten ihn so lange, bis Ihre Handflächen die Energien des Steins aufgenommen haben. Dann legen Sie die Hand auf das sechste Chakra. Sie können den Stein auch direkt auf das Stirn-Chakra legen.

8 Streben Sie nach Weisheit und Selbsterkenntnis, um Ihr höheres Selbst zur Entfaltung zu bringen. Meditieren Sie regelmäßig, um innerlich zur Ruhe zu kommen und sich mit der geistigen Welt zu verbinden. Bedenken Sie auch, dass sich Ihr Stirn-Chakra nur voll entfalten kann, wenn es nicht durch Blockaden in den anderen Chakras behindert wird.

Das Stirn-Chakra aktivieren

Wenn Sie genau wissen möchten, ob die Qi-Versorgung ausreichend und der Qi-Fluss in Ihrem Stirn-Chakra harmonisch ist, führen Sie bitte den Test auf Seite 91 durch. Bei den folgenden Problemen und seelischen Beschwerden empfiehlt es sich, am sechsten Chakra zu arbeiten:

- Wiederkehrender Schnupfen (Nebenhöhlenentzündungen)
- Häufige Augenbeschwerden (Bindehautentzündung, Sehschwäche)
- Gesichtsneuralgien oder Tics
- Chronische Kopfschmerzen und Migräne
- Gleichgewichtsstörungen
- Erkrankungen des Gehirns und des Nervensystems
- Störungen des Hormonhaushalts
- Orientierungslosigkeit und das Gefühl der Sinnlosigkeit
- Zerstreutheit und Konzentrationsschwäche
- Realitätsverlust und Wahnideen
- Schwere Depressionen
- Verantwortungslosigkeit und Selbstsucht
- Gefühl, den eigenen Weg nicht zu finden

Abstumpfung, Mangel an Interessen und Hobbys sowie eine allgemeine Lust- und Antriebslosigkeit sind ebenfalls Anzeichen für energetische Blockaden. Bei höheren Alltagsanforderungen verlieren Menschen mit einem schwach ausgebildeten Stirn-Chakra auch leicht den Kopf, werden konfus und leiden unter Vergesslichkeit.

Chakra-Qi-Heilübung für das Stirn-Chakra

Führen Sie bei einem schwachen oder blockierten Stirn-Chakra-Qi morgens die folgende Heilübung durch:

- Legen Sie sich entspannt auf den Rücken und schließen Sie Ihre Augen. Reiben Sie Ihre Handflächen aneinander, bis die Hand-Chakras warm und energiegeladen sind.
- Legen Sie Ihre linke Handfläche sanft auf Ihre Stirn und die rechte Hand darüber. Atmen Sie langsam ein und aus.
- Atmen Sie siebenmal tief ein und dann tief aus. Spüren Sie beim Einatmen, wie Sie dunkelblaues Qi aufnehmen. Lassen Sie bei jedem Ausatmen mit dunkelblauem Licht erfülltes Qi aus Ihren Händen in das Stirn-Chakra strömen.
- Legen Sie die Arme zur Seite und spüren Sie nach. Dann stehen Sie auf und kehren in den Alltag zurück.

Chakra-Qi-Heilmassage für das Stirn-Chakra

Auch bei Blockaden und Ungleichgewichten des Stirn-Chakras ist eine heilende Massage hilfreich:

- Drücken Sie je zehnmal mit acht Fingerspitzen (allen außer dem Daumen) die Scheitellinie des Kopfes und anschließend die Seitenlinien des Schädels.
- Schieben Sie je zwanzigmal mit acht Fingerspitzen (allen außer dem Daumen) die Scheitellinie des Kopfes und anschließend die Seitenlinien des Schädels sanft hin und her.
- Bedecken Sie beide Ohren mit den flachen Händen. Die Mittelfinger kommen dabei auf dem Hinterhauptbein zu liegen. Klopfen Sie nun zweimal mit dem Zeigefinger an den Schädelrand.
- Reiben Sie dann je vierzigmal mit dem angewinkelten, seitlichen Mittelfingerknochen den Bereich in der Verlängerung von Augenbraue und Augenwinkel (Schläfenanfang).
- Drücken Sie je vierzigmal mit den angewinkelten, seitlichen Mittelfingerknochen den Bereich in der Verlängerung von Augenbraue und Augenwinkel.
- Streichen Sie dann mit den seitlichen Mittelfingerknochen je zehnmal oberhalb des Auges und je zehnmal unterhalb des Auges.
- Schließen Sie dann mit dem Daumen ein Nasenloch und umstreichen Sie mit dem Zeigefinger das andere Nasenloch zwanzigmal.
- Legen Sie einen Zeigefinger auf den Punkt zwischen Nase und Oberlippe und den anderen zwischen Unterlippe und Kinn. Streichen Sie in entgegengesetzter Richtung und horizontal diese Stellen je zwanzigmal aus.
- Massieren Sie die Bereiche an den Mundwinkeln vertikal und jeweils in die entgegengesetzte Richtung zwanzigmal.

Eine gezielte Massage im Kopfbereich hilft, das Stirn-Chakra ins Gleichgewicht zu bringen.

- Massieren Sie die Bereiche an den Augen und die Region zwischen dem Ende der Augenbrauen und des äußeren Augenwinkels zwanzigmal.
  Zuerst oberhalb der Augen (vom inneren Augenwinkel beginnend), dann zwanzigmal unterhalb der Augen (zum inneren Augenwinkel massierend).
- Streichen Sie den gesamten Augenbereich mit den Handflächen zwanzigmal aus.

Chakra-Qi-Farbmeditation für das Stirn-Chakra

Dunkelblau ist die Farbe des Stirn-Chakras für die Meditation:

- Setzen Sie sich im Schneidersitz auf den Boden oder ein flaches Kissen. Ihre Wirbelsäule ist aufgerichtet. Schließen Sie die Augen, atmen Sie ruhig und tief in Ihrem eigenen Atemrhythmus. Lassen Sie das Atmen kommen und gehen.
- Legen Sie Ihre Hände mit den Handaußenflächen auf Ihre Oberschenkel. Die Handinnenflächen sind wie Schalen geformt und zeigen nach oben.
- Lassen Sie vor Ihrem inneren Auge zwischen den Augenbrauen einen dunkelblauen Wirbel aus Licht entstehen.
- Mit jedem Einatmen wird das Licht stärker, mit jedem Ausatmen zieht es sich in sich zusammen. Das Licht atmet in Ihrem Atemrhythmus.
- Stellen Sie sich vor, dass Ihr Stirn-Chakra mit jedem Einatmen Qi aufnimmt, das das dunkelblaue Leuchten verstärkt.
- Atmen Sie so lange ganz entspannt weiter, bis Sie das Gefühl haben, Ihr Stirn-Chakra ist ganz von dem Qi des dunkelblauen Lichts erfüllt.
- Spüren Sie nun, wie die Qi-Energie in Ihre Stirn und dann nach oben in den geistigen Raum strömt. Erhalten Sie sich dieses Gefühl für die Zeit nach der Meditation.
  Die Lichtsäule löst sich auf, zurück bleibt der dunkelblaue Lichtwirbel Ihres Stirn-Chakras. Atmen Sie noch ein paar Mal ruhig durch, öffnen Sie dann die Augen, recken und strecken sich und kehren in den Alltag zurück.

Alle Griffe bei der Selbstmassage sollten leicht und behutsam ausgeführt werden. Kräftiges Kneten und Walken sind unangebracht. Falls Sie unter Krampfadern oder Thrombosen leiden, sollten die betroffenen Stellen von der Massage ausgespart werden.

Das Kronen-Chakra

Weitere Bezeichnungen: Siebtes Chakra, Scheitel-Chakra

Lage: Das siebte Chakra liegt im Bereich des Schädeldachs, in der Mitte des Scheitels. Dieses Chakra ist das subtilste aller Chakras und geht über die bloße körperliche Existenz hinaus.

Körperliche Aspekte: Mit der Energie aus dem Kronen-Chakra werden die Epiphyse (→ Seite 74), das Mittelhirn und darüber der gesamte Organismus versorgt. Das Mittelhirn beherbergt die lebenswichtigen Zentren zur Steuerung und Regulation von Atmung, Herzschlag und Kreislauf sowie die Zentren unserer Schutzreflexe. Zusammen mit der Hypophyse und der Zirbeldrüse hat es eine zentrale Bedeutung für unser Gedächtnis. Lachen und Weinen, Spieltrieb und Sexualität, Euphorie und Depressionen, intuitive Intelligenz, soziales Verhalten und die Sorge um den Nachwuchs sind dort verankert. Alle Informationen, die im Langzeitgedächtnis gespeichert werden sollen, durchlaufen zunächst dieses Gehirnareal, das die altchinesischen Weisen »den goldenen Raum« nannten. Denn hier treffen Verstand und Gefühl aufeinander.

Das Scheitel-Chakra hat somit die zentrale Aufgabe, unsere körperlichen Schutzmechanismen sowie das Immunsystem zu stärken und über das Nerven- und Hormonsystem das Zusammenspiel im gesamten Körper zu koordinieren.

Übergeordnete Themen: Spiritualität, Erleuchtung und höheres Sein sind die übergeordneten Aspekte des Scheitel-Chakras. Ein geöffnetes siebtes Chakra stellt den Kontakt zur rein geistigen Welt jenseits unseres Bewusstseins her, vermittelt tiefen Frieden und ermöglicht die Entwicklung zur höchsten Reife, die ein Mensch erreichen kann. Es konfrontiert uns mit Fragen nach

STECKBRIEF KRONEN-CHAKRA

Lage: Schädeldach, in der Mitte des Scheitelpunktes

Farbe: Violett, weiß, gold

Sinn: Universales Bewusstsein jenseits der körperlichen Sinne

Zentrale Themen: Spiritualität, Vereinigung mit dem Kosmos, Erleuchtung, Selbstverwirklichung

Grundprinzip: Reines Sein

Positive seelisch-geistige Aspekte: Verbundenheit mit dem Universum und der göttlichen Schöpferkraft, Glaube, allumfassendes Wissen, Fähigkeit zur Innenschau

Körperliche Zuordnungen: Großhirn

Grundsymbol: Tausenblättriger Lotus

dem Sinn des Lebens, nach übergeordneten Kräften und göttlichen Prinzipien sowie der Herkunft unserer Talente und Gaben und dem Geheimnis von Leben und Tod. Es nährt den Glauben und die Religiosität. Das Scheitel-Chakra kann sich nur öffnen, wenn das Qi in den anderen Haupt-Chakras harmonisch fließt. Dieses Chakra ist der Vermittler des reinen Seins und der spirituellen Vervollkommnung. Es führt zu höchsten Bewusstseinszuständen und der Erfahrung der Ganzheit.

Farbmeditation für das Kronen-Chakra: Setzen Sie sich in den Schneidersitz. Schließen Sie die Augen, und atmen Sie ruhig und tief. Legen Sie Ihre Hände locker auf die Oberschenkel. Die Handinnenflächen sind wie Schalen geformt und zeigen nach oben. Lassen Sie vor Ihrem inneren Auge am höchsten Punkt Ihres Kopfes, in der Mitte Ihrer Scheitellinie, einen violetten Wirbel aus Licht entstehen. Mit jedem Einatmen wird das Licht stärker, mit jedem Ausatmen zieht es sich zusammen. Stellen Sie sich vor, dass Ihr Scheitel-Chakra mit jedem Einatmen Qi aufnimmt, welches das violette Leuchten verstärkt.

Harmonische Funktion

Die Harmonisierung des Kronen-Chakras führt zu höchst angenehmen Bewusstseinszuständen, tiefer Gelassenheit, dem Gefühl der Verbundenheit mit dem Universum und absoluter Glückseligkeit. Die geistige Kraft wird gestärkt, und aus der tiefen Innenschau, die ein harmonisch strömendes Scheitel-Chakra-Qi ermöglicht, entsteht allumfassendes Wissen. Wer diese Stufe erreicht hat, wird auch für seine Mitmenschen zu einer Quelle der Inspiration. Große Heiler und geistige Führer haben diese Verwandlung zur großen Seele durchlebt. Grundsätzlich ergänzt das Qi des Kronen-Chakras unser Leben um die geistige Kraft, die uns unser Potenzial ausschöpfen lässt, uns so vollkommen zu entwickeln wie nur irgend möglich. Sofern das Scheitel-Chakra nicht schwach entwickelt ist, wohnt jedem von uns das Wissen inne, Teil des Universums zu sein, voll Zuversicht und Vertrauen durchs Leben schreiten zu können.

Disharmonische Funktion

Das Kronen-Chakra kann nicht blockiert, sondern allenfalls zu stark oder zu schwach entwickelt sein. Eine einseitige Betonung des Scheitel-Chakras kann zu Realitätsverlust, Rückzug aus der Welt, geistiger Verwirrung und depressiven Verstimmungen führen. Dabei verlieren Menschen, die sich unter Druck auf eine vorzeitige Entfaltung ihres siebten Chakras konzentrieren, die Tatsache aus dem Blick, dass das irdische Leben die Grundlage für jede geistige Entwicklung ist. Vor der Anregung des Kronen-Chakra-Qis sollte immer die Aktivierung der anderen Chakras im Vordergrund stehen.

DIE DRÜSE DES KRONEN-CHAKRAS: ZIRBELDRÜSE (EPIPHYSE)

Die Einflüsse der Epiphyse auf den menschlichen Organismus sind nicht ganz geklärt. Diese Drüse reagiert über die Augen auf das Tageslicht, schüttet das Schlafhormon Melatonin aus und spielt daher eine entscheidende Rolle im menschlichen Bio- bzw. Tag- und Nachtrhythmus.

Menschen mit einem schwachen Kronen-Chakra-Qi fühlen sich übermäßig der materiellen Welt verhaftet und spüren immer einen Mangel. Entweder fehlt es an materiellen Gütern, oder sie haben wiederkehrende gesundheitliche Probleme, deren Ursprung sich nicht eindeutig klären lässt. Sie können keine klare Entscheidungen treffen und spüren eine innere Leere. Spirituelle Dinge interessieren sie nicht, oder ihnen fällt der Zugang dazu schwer. Ein disharmonisches Scheitel-Chakra wirkt sich immer stark auf die Funktion der anderen Chakras aus. Sind diese ebenfalls im Ungleichgewicht, verstärken sich die für sie typischen Beschwerdesymptome.

Auf der körperlichen Seite zeigt sich ein geschwächtes Kronen-Chakra-Qi im gesamten Organismus. Es kann zu chronischen oder gar lebensbedrohlichen Beschwerden wie Krebs oder Multipler Sklerose sowie schweren Nervenleiden kommen. Chronische Kopfschmerzen, die ohne konkreten Anlass auftreten, sind nicht nur Anzeichen für ein schwaches Stirn- sondern auch für ein geschwächtes Scheitel-Chakra. Schlafstörungen, Ein- und Durchschlafprobleme weisen auf Störungen der Epiphyse hin. Eine allgemeine Schwäche des Immunsystems, Konzentrationsstörungen, geistige Verwirrung, Vergesslichkeit und Depressionen sind weitere Hinweise auf ein schwaches Qi im Scheitel-Chakra.

Untersuchungen haben ergeben, dass es bei der Bewertung von Emotionen große kulturelle Unterschiede gibt. So gilt in China die Einbindung in die Gruppe als höheres Ideal als die freie Entfaltung der Persönlichkeit. Das führt zu der Tendenz, eher Selbstbeherrschung und Anpassung als das Ausleben von Gefühlen als erstrebenswert anzusehen.

Das Kronen-Chakra aktivieren

Wenn Sie genau wissen möchten, ob die Qi-Versorgung ausreichend und der Qi-Fluss in Ihrem Kronen-Chakra harmonisch ist, führen Sie bitte den Test auf Seite 92 durch. Bei den folgenden Problemen und seelischen Beschwerden empfiehlt es sich, am siebten Chakra zu arbeiten:

- Ein anhaltendes Gefühl, unglücklich zu sein, ohne zu wissen, woher dieses Gefühl kommt
- Weltschmerz und existenzielle Depressionen

- Geistige Erschöpfung und ein Gefühl der Dumpfheit
- Anhaltender Mangel an Energie und Lebenslust
- Gefühl der inneren Leere und tiefer Unzufriedenheit
- Schwere, chronische oder unheilbare Krankheiten
- Schwächung Ihrer Immunabwehr und/oder Autoimmunerkrankungen

Das Ideal der Harmonie des Einzelwesens mit dem Universum erklärt die hohe Bedeutung der Lebensweise für die TCM. Denn nach ihrer Auffassung folgen dem Einklang mit der Außenwelt auch innere Ausgeglichenheit und körperliche Gesundheit.

Chakra-Qi-Heilübung für das Kronen-Chakra

Führen Sie bei einem schwachen oder blockierten Kronen-Chakra-Qi morgens die folgende Heilübung durch:

- Legen Sie sich entspannt auf den Rücken und schließen Sie Ihre Augen. Reiben Sie Ihre Handflächen aneinander, bis die Hand-Chakras warm und energiegeladen sind.
- Nehmen Sie nun die Arme hoch und legen Sie die linke Handfläche direkt auf Ihren Scheitel und die rechte darüber. Atmen Sie langsam ein und aus.
- Atmen Sie siebenmal tief ein und dann tief aus. Spüren Sie beim Einatmen, wie Sie kristallklares Qi aufnehmen. Lassen Sie bei jedem Ausatmen mit klarem Licht erfülltes Qi aus Ihren Händen in das Kronen-Chakra strömen.
- Legen Sie die Arme zur Seite und spüren Sie nach.

Das harmonische und geöffnete Kronen-Chakra stellt die Verbindung zu unserer Spiritualität her. Große geistige Lehrer wie z. B. Buddha haben nach Vorstellung der Chakra-Lehre diesen Zustand erreicht.

Bittentherapie für das Kronen-Chakra

Bei dieser Anwendung aus der TCM formulieren Sie im meditativen Zustand Bitten und Wünsche, die für Ihr Leben von zentraler Bedeutung sind. Die Bittgedanken sollten Sie nur im ganz ruhigen Zustand durchführen. So findet die Verbindung des Menschen mit der Natur und der geistigen Welt statt, und diese Kräfte können für ihn wirksam werden. Konzentrieren Sie sich auf Ihre innersten Anlie-

ACHT ALLTAGSTIPPS FÜR IHR KRONEN-CHAKRA

1 Wiederholen Sie morgens nach dem Aufstehen und abends vor dem Zubettgehen langsam folgende Affirmationen:
- Ich bin und lebe ganz bewusst.
- Ich bin bereit für die Erfahrung des ganzen Seins.
- Ich verbinde mich mit dem Licht und der göttlichen Kraft.

2 Unternehmen Sie hin und wieder Wanderungen in den Bergen. Auf dem Gipfel eines hohen Berges erfahren wir die Weite und Unbegrenztheit des Universums. Die Nähe zum Himmel erleichtert uns die Loslösung von den Geschehnissen unseres irdischen Lebens.

3 Für die Entwicklung des siebten Chakras empfehlen sich alle Stilleübungen, wie Chakra-Qi-Gong oder Tiefenmeditation.

4 Widmen Sie sich Ihrer spirituellen Entwicklung, ohne jedoch dabei auf falsche Lehrer hereinzufallen oder in Dogmatismus oder gar Fanatismus zu verfallen. Folgen Sie Ihrer intuitiven Weisheit und lassen Sie sich auf Ihre innere Stimme ein.

5 Empfehlenswerte ätherische Öle für die Aromatherapie:
Geranie oder Rosenholz oder Weihrauch. Geben Sie drei bis vier Tropfen eines Öls mit etwas destilliertem Wasser in eine Duftlampe und lassen es verdampfen.

6 Empfehlenswerte Bachblüten für das Kronen-Chakra:
Dreimal täglich je fünf Tropfen Wild Rose oder White Chestnut oder Clematis.

7 Wählen Sie intuitiv einen der folgenden Edelsteine aus: Diamant, Bergkristall oder klarer Turmalin. Nehmen Sie ihn zwischen die Hände und halten Sie ihn so lange, bis Ihre Handflächen die Energien des Steines aufgenommen haben. Dann legen Sie die Hand auf das siebte Chakra. Sie können den Stein auch direkt auf das Kronen-Chakra legen.

8 Suchen Sie das Geheimnis der Kraft und der Stille. So kann sich das siebte Chakra der Energie des Universums öffnen. Indem Sie alle Haupt-Chakras stärken und harmonisieren, entwickelt sich das Scheitel-Chakra auf ganz natürlich Weise.

gen. Sie können die Anwendung einmal am Tag durchführen, bis Sie sich besser fühlen. Jede Übung dauert etwa eine Viertelstunde und wirkt stärkend auf Geist und Seele sowie das Immunsystem.

Ausgangsstellung

Stellen Sie sich aufrecht hin, beide Beine schulterbreit auseinander. Die Knie sind leicht gebeugt, die Arme hängen locker an den Seiten herab. Ihre Zunge berührt den oberen Gaumen. Der Atem geht ruhig und in Ihrem eigenen Atemrhythmus. Lassen Sie negative Gedanken und Anspannung ziehen. Schließen Sie die Augen.

Übung 1

- Nehmen Sie die Ausgangsstellung ein.
- Daumen und Ringfinger jeder Hand treffen sich. Dabei zeigen der Mittel- und Zeigefinger der rechten Hand auf den mit den Fingern der linken Hand gebildeten Ring. Ziehen Sie nun mit den Fingern der rechten Hand dreißigmal Kreise im Uhrzeigersinn.
- Während des Kreisens sind Ihre Gedanken konzentriert auf das Thema, dass Sie beschäftigt, z.B. »Ich werde gesund werden«, »Meine Familie wird ein glückliches Leben haben«, »Meine Kinder werden gesund heranwachsen«.
- Wechseln Sie nun die Hände. Jetzt zeigen der Mittel- und Zeigefinger der linken Hand auf den mit den aus den Fingern der rechten Hand gebildeten Kreis. Ziehen Sie nun mit der linken Hand dreißigmal Kreise entgegen dem Uhrzeigersinn und denken Sie dabei weiter an Ihr Thema.
- Zum Abschluss halten Sie Ihre Hände wie zu Beginn der Übung. Drehen Sie jetzt mit dem Mittel- und Zeigefinger entgegen dem Uhrzeigersinn. Wiederholen Sie die Kreisbewegungen mit der anderen Hand.

In der Bittentherapie formulieren Sie Vorstellungen und Wünsche, die für Ihr Leben von zentraler Bedeutung sind.

Übung 2

- Nehmen Sie die Ausgangsstellung ein.
- Ihre linke Hand ruht in der rechten.
- Die Daumen zeigen nach vorne. Lassen Sie die Daumen kreisen, ohne dass sie sich berühren.
- Bei den Kreisbewegungen richten Sie Ihre Gedanken auf das Thema, das Sie beschäftigt.

Übung 3

- Nehmen Sie die Ausgangsstellung ein.
- Formen Sie Ihre Hände zu einem Spitzdach. Es berühren sich die kleinen Finger sowie die Ring- und Mittelfinger.
- Drehen Sie nun mit den Zeigefingern fünfmal vorwärts und danach fünfmal zurück.
- Konzentrieren Sie sich während dieser kreisenden Bewegungen auf das Thema, das Sie beschäftigt.
- Drehen Sie jetzt die Mittelfinger fünfmal vorwärts und fünfmal rückwärts (Ringfinger und kleiner Finger berühren sich).
- Drehen Sie die Ringfinger fünfmal vorwärts und fünfmal rückwärts (die kleinen Finger berühren sich).
- Zuletzt drehen Sie die kleinen Finger fünfmal vorwärts und fünfmal rückwärts.
- Während des Kreisens sollten die ruhenden Finger nicht berührt werden.

Dieses mit den Händen geformte »Spitzdach« ist die Ausgangsstellung der Hände für Ihre Bittübung Nr. 3.

Die Hand- und Fuß-Chakras

Bei den sieben Chakras handelt es sich um die Haupt-Chakras in unserem Körper. Über den gesamten Organismus verteilen sich Tausende von Neben-Chakras, die alle über die Meridiane mit den Haupt-Chakras in Verbindung stehen. Gut zu behandeln sind davon die Hand- und Fuß-Chakras mit ihren reflektorischen Verbindungen zu allen Organbereichen. Der gesamte Organismus kann auf diese Weise über die Hände und Füße angeregt und harmonisiert werden.

Wassertreten ist ebenfalls eine gute Möglichkeit, um den Qi-Fluss anzuregen: Stapfen Sie im Storchengang etwa 20 bis 60 Sekunden durch ein Kneipp-Tretbecken. Wenn Sie diese wohltuende Anwendung zu Hause durchführen möchten, füllen Sie Ihre Badewanne zu zwei Dritteln mit maximal 18 °C warmem Wasser und treten Sie auf der Stelle. Trocknen Sie nach der Anwendung die Beine nicht mit einem Handtuch, sondern streifen Sie das Wasser nur ab. Danach ziehen Sie sich Strümpfe an. Bewegen Sie sich, bis Sie wieder warm sind.

Die Fuß-Chakras

Die Fuß-Chakras befinden sich jeweils in der Mitte der Fußsohlen, stehen in Verbindung mit dem Wurzel-Chakra und mit der Erde. Das Gefühl, fest im Boden verankert zu sein und »mit beiden Beinen fest auf dem Boden zu stehen« ist die Grundvoraussetzung für die Lebens- und Überlebensfähigkeit sowie für die spirituelle Entwicklung eines Menschen.

Den Qi-Fluss anregen

Die energetische Versorgung der Fuß-Chakras wird durch das Tragen von zu engem oder unbequemem Schuhwerk beeinträchtigt. Wenn Sie Ihren Füßen etwas Gutes tun und zugleich den Qi-Fluss anregen wollen, empfehlen sich folgende Anwendungen:

- Barfuss laufen: Auf diese Weise stehen Ihre Fuß-Chakras in engem Kontakt zur Erde. Gleichzeitig werden die Fußreflexzonen und die Fuß-Chakras massiert.
- Fußreflexzonenmassage: Ölen Sie die Füße gut mit etwas Körperöl ein und massieren Sie zwei bis drei Minuten lang sanft und in kleinen Kreisen an der Sohle beginnend über den Mittelfuß und den oberen Fußbereich bis hoch zu den Zehenspitzen.
- Chakra-Qi-Gong: Eine Übung für Ihre Fuß-Chakras finden Sie auf Seite 143. Die Fuß-Chakras sollten Sie immer mitbehandeln, wenn Ihr Wurzel-Chakra geschwächt ist.

Probieren Sie einfach die verscheidenen Möglichkeiten aus, Sie werden schnell merken, was Ihnen guttut.

Die Hand-Chakras

Die Hand-Chakras liegen in den Handinnenflächen und sind mit dem Herz-, dem Hals- sowie dem Stirn-Chakra verbunden. Die Hand-Chakras hängen zudem eng mit dem Herz-Chakra zusammen. Schließlich strömt aus einem offenen, zugewandten Herzen die Kraft, gut zu handeln und andere heilsam zu behandeln. Ist das Qi in den Hand-Chakras hingegen geschwächt, kann sich dies in Berührungsängsten sowie in einer Disharmonie zwischen Geben und Nehmen ausdrücken.

Den Qi-Fluss anregen

Alle künstlerischen Tätigkeiten, die wir mit den Händen ausführen, also z. B. malen, mit Ton modellieren, bestimmte Tänze, bei denen die Hände eingesetzt werden, oder musizieren, aktivieren die Energie in den Hand-Chakras.

Wenn Sie den Qi-Fluss in Ihren Händen anregen möchten, empfehlen sich folgende Anwendungen:

- Massage mit einem Igelball: Rollen Sie einen Igelball (erhältlich in der Drogerie oder im Reformhaus) zwei bis drei Minuten zwischen Ihren Händen und spüren Sie, wie sich Hände dabei wieder beweglicher und wärmer anfühlen.
- Qi-Gong-Kugeln: Üben Sie einmal täglich mit Qi-Gong-Kugeln (erhältlich im Asienladen). Dazu legen Sie beide Kugeln in eine Handfläche und lassen Sie sie im oder entgegen dem Uhrzeigersinn rotieren. Die Finger bewegen, strecken und krümmen sich beim Kugelspiel.

ÜBUNG ZUR ANREGUNG DES HAND-CHAKRA-QI

Um die Heilkraft Ihrer Hand-Chakras zu erwecken, sollten Sie vorher Ihre Hände sensibilisieren:
Reiben Sie die Handflächen dazu kurz kreisend aneinander und nehmen Sie sie dann ganz langsam wenige Zentimeter auseinander. Stellen Sie sich eine kleine wärmende Sonne zwischen den gewölbten Handflächen vor. Nehmen Sie die Hände nun langsam weiter auseinander und versuchen Sie, die Sonne immer größer werden zu lassen, bis Sie das Gefühl haben, Ihre Hand-Chakras sind von warmer, belebender Energie durchströmt. Zur Beendigung der Übung schütteln Sie kurz die Hände aus.

Chakras und Persönlichkeitsentwicklung

»Alles fließt.« Diese Erkenntnis des vorsokratischen Philosophen Heraklit spiegelt das alte Wissen aus den großen asiatischen Lebenslehren. Im Universum ist alles einer stetigen Entwicklung unterworfen. Es gibt keinen Stillstand, weder im Kosmos noch im menschlichen Leben. Körperlich spüren wir dies an Reifungs- und Alterungsprozessen, geistig daran, wie wir uns weiterentwickeln. Wir verändern uns ein Leben lang. Diese Entwicklung, dieses Werden und Vergehen, ist eng an den Qi-Fluss in unseren Chakras gekoppelt. Erkennen wir dies, kann uns das dabei unterstützen, in allen Lebensphasen gut für uns zu sorgen und auf unsere Bedürfnisse zu achten sowie im Einklang mit den Rhythmen der Natur zu leben.

Sehr wichtig für die Entwicklung eines Kindes soll die Menge an Qi sein, die es von den Eltern mitbekommen hat. Da die Mutter durch die Schwangerschaft und die Geburt viel Qi verloren hat, um es dem Kind weiterzugeben, muss sie durch eine gesunde Lebensführung möglichst schnell diesen Qi-Mangel beheben.

Der Sieben-Jahre-Rhythmus

Alle Entwicklungszeiträume unterliegen dem Sieben-Jahre-Rhythmus. Dieser Zeitraum gilt als Anhaltspunkt für die Entwicklungsphasen eines Menschen, die individuell unterschiedlich lang ausfallen und etwa zwischen fünf und sieben Jahren betragen können. Dieser Rhythmus spiegelt die sieben Chakras wider.

So durchschreiten wir, beginnend mit dem Wurzel-Chakra, alle sieben Jahre ein Chakra, dessen spezifische Eigenschaften in dieser Zeit zu einem Grundthema unseres Lebens werden. Gleichzeitig teilt sich diese Periode in sieben zusätzliche Hauptthemen, die jeweils etwa ein Jahr lang andauern und ebenfalls im Wurzel-Chakra ihren Anfang nehmen, um Jahr für Jahr ein weiteres der sieben Chakras zu durchlaufen.

Der große Zyklus des Lebens umfasst demnach sieben mal sieben Jahre, also insgesamt 49 Jahre. In dieser Zeit sollten wir im Idealfall alle Entwicklungsaufgaben durchlaufen haben und zur »Erleuchtung« gelangen. Buddha kam diesem Ideal sehr nahe, indem er sein Erleuchtungserlebnis im Alter von 34 Jahren hatte.

Erste Lebensphase: Das Leben annehmen

Vor der Geburt eines Kindes sind bereits die Grundlagen für seine Weiterentwicklung geschaffen. In den ersten Lebensjahren erfah-

DER ENTWICKLUNGSZYKLUS DES MENSCHEN

Lebensjahr	Bestimmendes Chakra
1 bis 7	Wurzel-Chakra
8 bis 14	Sakral-Chakra
15 bis 21	Nabel-Chakra
22 bis 28	Herz-Chakra
29 bis 35	Hals-Chakra
36 bis 42	Stirn-Chakra
43 bis 49	Kronen-Chakra

ren diese ihren Ausbau. Dass die ersten sieben Lebensjahre eines Menschen entscheidend für die Charakter- und Persönlichkeitsbildung sind, wissen wir u.a. aus der Psychoanalyse. In diesem Zeitraum entwickelt sich das Wurzel-Chakra. Die zentrale Lebensaufgabe des Säuglings besteht darin, das Leben anzunehmen. Es geht um die Entwicklung des Urvertrauens, das uns lebens- und liebesfähig macht und unser Selbstbewusstsein sowie unser Selbstwertgefühl ausdrückt.

Zweite Lebensphase: Die Sinne erproben

In der Vorpubertät steht die Entwicklung einer gesunden Sinnlichkeit und der Lebenslust im Vordergrund. Das Sinnliche legt den Grund für jede geistige Entwicklung. In diesem Zeitraum entwickelt sich das Sakral-Chakra. Das Kind erfährt und lernt mit allen Sinnen die Welt zu erfassen. Es lernt Situationen, die ihm begegnen, einzuordnen und zu verarbeiten. Es spürt, wie die Umwelt auf es einwirkt und welchen Einfluss es selbst in dieser Welt gewinnt.

Wichtig in der zweiten Lebensphase sind die natürliche Förderung aller Sinne und das freie Spiel in der Natur. So erwächst ihm Freude am Leben und die Fähigkeit, sein Dasein zu genießen.

Dritte Lebensphase: Selbstkontrolle entwickeln

Mit der Pubertät beginnt die Sturm-und-Drang-Zeit des jungen Menschen. Selbstbehauptung in der Gruppe, aber auch die Fähigkeit zur (Selbst-)Kontrolle und zur Machtausübung sind die Entwicklungsthemen dieser Phase. Wichtig ist die Entwicklung der Eigenständigkeit. Nur so kann der Jugendliche lernen, sein Leben in die Hand zu nehmen und es zu kontrollieren. Bekommt er jetzt den nötigen Raum zur Selbstentfaltung, wird er sich später harmonisch in ein Ganzes einfügen können und dabei seine Individualität bewahren.

Vierte Lebensphase: Beruf und Familie

Im Vordergrund stehen jetzt die Entwicklungsthemen Liebe, Mitgefühl und Hingabefähigkeit. Diese Lebensphase ist meist sehr produktiv. Der junge Erwachsene kann sich mit ganzer Kraft für berufliche Projekte, für seine Partnerschaft oder seine Familie engagieren. Werden die Entwicklungsaufgaben bewältigt, so bleibt das tiefe Gefühl, alles aus dem Herzen heraus erreichen zu können, ein Leben lang, und eine liebenswerte Persönlichkeit entfaltet sich. In dieser Lebensphase entwickelt sich das Herz-Chakra.

Fünfte Lebensphase: Sich über sein Leben klarwerden

Das Thema Kommunikation und Selbstreflexion steht im reifen Erwachsenenalter im Vordergrund. Der Erwachsene kann sich mit den Früchten seines Tuns und Schaffens und seiner Persönlichkeit auseinandersetzen. Schließlich werden in dieser Phase meist die Weichen dafür gestellt, wie sich die berufliche Karriere weiterentwickelt. In dieser Lebensphase reift das Hals-Chakra.

Je besser sich in der fünften Lebensphase die kommunikativen Fähigkeiten, mit dem inneren Selbst und der Außenwelt, entwickeln, desto günstiger für den weiteren Lebensweg.

Sechste Lebensphase: Neuorientierung und Selbsterkenntnis

In dieser Lebensphase ist der Mensch fähig, sich neu zu orientieren und anderweitig zu engagieren. Es erwächst die Fähigkeit, sich den verschiedenen Aspekten des Seins zu nähern. In dieser Zeit entwickelt sich das Stirn-Chakra. Entweder baut man in dieser Phase unter Einfluss eines starken Wurzel-Chakras seine materiellen Besitzstände weiter aus, wendet sich inspiriert von einem aktiven Sakral-Chakra einem neuen Lebenspartner zu, will seine Machtposition in der Welt erweitern (Nabel-Chakra), engagiert sich sozial oder intensiver in der eigenen Beziehung (Herz-Chakra), widmet sich der Vermittlung von Wissen (Hals-Chakra) oder seiner spirituellen Entwicklung (Stirn-Chakra).

Siebte Lebensphase: Vollendung oder Midlife-Crisis

Die Energie des Kronen-Chakras durchdringt in diesem Zeitraum das Leben, je nachdem wie gut sich die anderen Chakras herausbilden konnten. Wir spüren, dass sich ein Entwicklungszyklus schließt. Stellen wir fest, dass wir mit uns nicht im Reinen sind, kommt es zur Krise. Durch die Lebenserfahrung, die wir bis dahin gewonnen haben, können wir den anschließenden neuen großen Entwicklungszyklus auf einem höheren Niveau beschreiten.

Der große Chakra-Test

Mit dem großen Chakra-Test auf den folgenden Seiten erhalten Sie ganz schnell Klarheit darüber, an welchen Energiezentren Blockaden oder einseitige Betonungen vorliegen. Es gibt eine ganze Reihe deutlicher Anzeichen, die auf Qi-Störungen in den sieben Haupt-Chakras hinweisen. Je deutlicher das Ergebnis ausfällt, umso wichtiger ist es, den Energiefluss an dieser Stelle wieder zu harmonisieren. Häufig hängen auch mehrere Chakra-Störungen miteinander zusammen, was Sie bei der Zusammenstellung Ihres persönlichen Chakra-Qi-Programms, das ab Seite 94 beginnt, im Auge behalten sollten.

Chakra-Qi-Blockaden erkennen

Unser Chakra-Test soll Ihnen dabei helfen, herauszufinden, welche Chakras bei Ihnen gut mit Qi versorgt sind und welche Sie durch gezielte Chakra-Qi-Gong-Übungen und andere Anwendungen aus der TCM stärken oder harmonisieren sollten. Wir stellen Ihnen jeweils zwölf Aussagen vor, die Sie bitte spontan bejahen oder verneinen. Je häufiger Sie bei einem der sieben Chakras einer der Aussagen zustimmen können, desto mehr sollten Sie für das Qi in diesem Chakra tun. Es kann durchaus vorkommen, dass Sie bei einem Chakra vielleicht nur einer oder zwei der Aussagen zustimmen. Dann spricht alles dafür, dass Sie in diesem energetischen Zentrum ausgeglichen sind. Wenn Sie dagegen sechs oder mehr Aussagen bejahen können, besteht Handlungsbedarf.

Das alte Wort »Odem« kommt der Bedeutung des chinesischen Schriftzeichens für Qi ziemlich nahe, mit dem u. a. die Begriffe »Atem«, »Dampf« und »Wolke« bezeichnet werden. Im englischen Sprachraum wird Qi meist als »energy« oder »vital essence« übersetzt.

Ihr persönliches Qi-Chakra-Programm

Nicht immer ist nur ein Chakra unterversorgt oder einseitig betont. Gelegentlich kommt es an zwei oder mehr Chakras zu Qi-Stauungen oder Disharmonien. Stellen Sie in diesem Fall Ihr Chakra-Qi-Programm so zusammen, dass Sie an dem Chakra, das am deutlichsten Unterstützung braucht, in den ersten zwei Wochen arbeiten. Danach nehmen Sie sich in vierzehntägigem Abstand die anderen Chakras vor. Wenn Sie das Gefühl haben, das tut Ihnen gut, fahren Sie fort, bis Sie eine Besserung Ihres Allgemeinzustands verspüren.

Sie können diesen Chakra-Test in Abständen von etwa einen Vierteljahr durchführen. So können Sie zum einen Ihre Fortschritte feststellen. Zum anderen können sich durch äußere Einflüsse, wie den Wechsel der Jahreszeiten, Veränderungen in der Lebensweise, emotionale Hochs und Tiefs oder auch durch Ihr direktes Umfeld (also Familie und Partnerschaft, Freundeskreis oder Beruf) Veränderungen ergeben, die sich auf Ihre Chakras und auf den Fluss des Qis auswirken. Der Test stellt so im Alltag eine gute Hilfe dar, um zu sehen, an welchen Chakras Sie arbeiten sollten.

Sollten Sie bei allen Chakras zu dem Ergebnis kommen, dass Sie weitestgehend ausgeglichen sind, so führen Sie das Chakra-Qi-Gong-Programm ab Seite 94 so durch, dass Sie pro Woche mindestens dreimal ein Chakra harmonisieren. So stärken Sie Ihr Immunsystem und sorgen für ein gesundes Gegengewicht zu den Anforderungen des Alltags.

Test 1: Wie stark ist Ihr Wurzel-Chakra-Qi?

- Ich habe Angst vor der Zukunft.
- Ich habe wenig Vertrauen in das Leben.
- Ich neige zu Erschöpfungszuständen.
- Ich bewege mich nicht besonders gern.
- Schwierigkeiten und Probleme bereiten mir unglaubliche Anstrengungen. Nicht selten gebe ich vorschnell auf.
- Ich bin nicht gern an der frischen Luft oder in freier Natur.
- Ich friere leicht an den Händen und Füßen.
- Ich fühle mich in meinem Körper nicht zu Hause.
- Ich habe öfter einmal das Gefühl, den Boden unter den Füßen zu verlieren.
- Ich mache mir oft Sorgen um meine finanzielle Lage.
- Mir machen immer wieder Rückenprobleme wie Ischiasschmerzen oder Hexenschuss zu schaffen.
- Ich leide regelmäßig unter Darmbeschwerden wie Verstopfung oder Durchfall.

Rückenprobleme und Erschöpfungszustände sind Anzeichen für Störungen im Gleichgewicht des Wurzel-Chakras.

Auswertung Test 1

- Sie haben mehr als sechs Fragen mit Ja beantwortet: Ihr Wurzel-Chakra benötigt Unterstützung! Wenn Sie das Qi in Ihrem Basis-Chakra in harmonischen Fluss bringen, kann Ihnen das sehr dabei helfen, sich besser zu fühlen.
- Sie haben mehr als vier Fragen mit Ja beantwortet: Die Störung des Chakra-Qis ist noch nicht allzu stark ausgeprägt. Doch es schadet sicher nichts, wenn Sie die Qi-Gong-Übungen oder die Alltagstipps für das Basis-Chakra in Ihre Tagesroutine miteinbeziehen.
- Sie haben weniger als vier Fragen mit Ja beantwortet: Ihr Qi im Wurzel-Chakra ist relativ ausgeglichen. Trotzdem können Sie jederzeit an diesem Chakra arbeiten. So stärken Sie dieses Energiezentrum und tun allgemein etwas für Ihre Gesundheit und ihre Erdung.

Der Hexenschuss trägt seinen bildhaften Namen wegen seines jähen Auftretens, unter dem sich der Patient »wie von der Hexe getroffen« niederkrümmt. Bei Hexenschuss und Ischiasschmerzen sowie rheumatischen Beschwerden haben sich Senfauflagen bewährt, für die man Senfmehl mit warmem Wasser anrührt. Sobald sich ein Brennen der Haut einstellt, sollte die Auflage sorgfältig mit warmem Wasser abgewaschen werden, spätestens jedoch nach 15 Minuten.

Test 2: Wie stark ist Ihr Sakral-Chakra-Qi?

- Ich fühle mich sexuell meist unbefriedigt./Es fällt mir nicht leicht, Sexualität und Erotik zu genießen.
- Ich habe oft keine Lust auf Sex./Mir machen gelegentlich Potenzstörungen zu schaffen.
- Es fällt mir nicht leicht, einen anderen Körper zu berühren oder ihn zu genießen.
- Das Leben macht mir oft wenig Freude, und ich fühle mich schwach und wenig vital.
- Mein Leben läuft in eingefahrenen Bahnen, und ich habe das Gefühl, dass nie etwas Aufregendes passiert.
- Ich trinke oft Alkohol, um die Leere zu betäuben.
- Ich bin sehr ordentlich und versuche, alles so sauber wie möglich zu halten.
- Ich habe öfter Probleme mit den Nieren/der Blase.
- Ich würde gern mit mehr Genuss und Leidenschaft leben.
- Ich bin sehr schnell eifersüchtig.
- Meine Beziehung ist derzeit sehr problematisch./Ich leide seit geraumer Zeit unter einer Trennung.

Die TCM sieht als Ursache für schmerzhafte Menstruationen einen Mangel an Qi sowie eine Qi-Blockade in der Leber durch Depressionen oder starke Gefühle an. Doch auch chronische Einwirkungen von zu viel Kälte und/oder Nässe und/oder eine »kalte« Ernährung (→ Seite 152 ff.) sind ihrer Ansicht nach verantwortlich für solche Beschwerden.

- Ich bin anfällig für Unterleibsbeschwerden wie Prostataerkrankungen (beim Mann). Ich habe regelmäßig Menstruationsprobleme (bei der Frau).

Auswertung Test 2

- Sie haben mehr als sechs Fragen mit Ja beantwortet: Ihr Sakral-Chakra benötigt Unterstützung! Wenn Sie das Qi in Ihrem zweiten Chakra in harmonischen Fluss bringen, kann Ihnen das sehr helfen, sich bald besser zu fühlen.
- Sie haben mehr als vier Fragen mit Ja beantwortet: Die Störung des Chakra-Qis ist nicht stark ausgeprägt. Doch es schadet sicher nichts, wenn Sie Ihr Sakral-Chakra im Blick behalten und die Qi-Gong-Übungen oder die Alltagstipps für das zweite Chakra in Ihre Tagesroutine miteinbeziehen.
- Sie haben weniger als vier Fragen mit Ja beantwortet: Ihr Qi im zweiten Chakra ist relativ ausgeglichen. Trotzdem können Sie jederzeit an diesem Chakra arbeiten, wenn Ihnen danach ist. So stärken Sie dieses Energiezentrum und beugen den ihm zugeordneten Beschwerden vor.

Test 3: Wie stark ist Ihr Nabel-Chakra-Qi?

- Ich habe oft das Gefühl, dass man mich übersieht und dass ich überhaupt nicht beachtet werde.
- Ich verliere oft die Kontrolle über meine Emotionen und fahre dann aus der Haut.
- Ich habe das Gefühl, mich nicht durchzusetzen zu können.
- Ich kann nur schwer mit meinen Gefühlen umgehen/sie ausdrücken.
- Ich neige zu Ängsten.
- Kritik verletzt mich sehr; ich gebe deshalb schnell auf.
- Ich leide unter Albträumen und/oder Schlafstörungen.
- Mein Bauch fühlt sich oft hart und verkrampft an.
- Belastungen und Stress schlagen mir oft auf den Magen.
- Ich leide regelmäßig und häufig unter Magenschmerzen (Gastritis) und allgemeinen Verdauungsproblemen.

- Ich leide unter Gewichtsproblemen.
- Mir machen Essstörungen oder Appetitmangel zu schaffen.

Auswertung Test 3

- Sie haben mehr als sechs Fragen mit Ja beantwortet: Ihr Nabel-Chakra benötigt Unterstützung! Wenn Sie das Qi in Ihrem dritten Chakra wieder in harmonischen Fluss bringen, kann Ihnen das sehr helfen, sich besser zu fühlen.
- Sie haben mehr als vier Fragen mit Ja beantwortet: Die Störung des Chakra-Qis ist noch nicht allzu stark ausgeprägt. Doch es schadet nichts, wenn Sie Ihr Magen-Chakra im Blick behalten und die Qi-Gong-Übungen oder die Alltagstipps in Ihre Tagesroutine einbeziehen.
- Sie haben weniger als vier Fragen mit Ja beantwortet: Ihr Qi im dritten Chakra ist relativ ausgeglichen. Trotzdem können Sie jederzeit an diesem Chakra arbeiten, wenn Ihnen danach ist. So stärken Sie dieses Energiezentrum und beugen den ihm zugeordneten Beschwerden vor.

Chakra-Qi-Gong-Übungen eignen sich sehr gut für Menschen, die schon länger nichts für ihren Körper getan haben und mit Gewichtsproblemen kämpfen. Sie helfen über vorübergehende Hungergefühle hinweg und lenken die Gedanken auf das innere Gleichgewicht und das persönliche Wohlbefinden.

Test 4: Wie stark ist Ihr Herz-Chakra-Qi?

- Ich fühle mich einsam, und es fällt mir schwer, Kontakt mit anderen Menschen aufzunehmen.
- Es gibt nur ein oder zwei Menschen, die ich wirklich liebe.
- Ich bin unglücklich verliebt und/oder leide gerade unter einer schmerzhaften Trennung.
- Ich habe Angst davor, zurückgewiesen zu werden, und passe mich lieber an, anstatt einsam und allein zu sein.
- Ich tue mich schwer, mich so zu akzeptieren, wie ich bin.
- Ich kann die Freundschaft anderer Menschen nicht gut annehmen.
- Ich möchte mir selbst und anderen mehr Liebe schenken.
- Ich bin oft freundlich zu anderen, fühle aber genau das Gegenteil oder nur wenig Wärme und Mitgefühl.
- Ich fühle mich nach Treffen mit Freunden oft ausgelaugt und erschöpft.

- Mir machen Herzprobleme/Kreislaufstörungen zu schaffen.
- Ich leide unter wiederkehrenden Hautenzündungen (Neurodermitis) und offenen Ekzemen.
- Ich leide unter Atembeschwerden, Asthma oder wiederkehrenden Erkältungskrankheiten.

Auswertung Test 4

- Sie haben mehr als sechs Fragen mit Ja beantwortet: Ihr Herz-Chakra benötigt Unterstützung! Wenn Sie das Qi in Ihrem vierten Chakra wieder in harmonischen Fluss bringen, kann Ihnen das helfen, sich bald besser zu fühlen.

Ein unausgeglichenes Herz-Chakra kann eine Ursache für ständig wiederkehrende Erkältungskrankheiten sein.

- Sie haben mehr als vier Fragen mit Ja beantwortet: Die Störung des Chakra-Qis ist noch nicht allzu stark ausgeprägt. Doch es schadet sicher nichts, wenn Sie die Qi-Gong-Übungen oder die Alltagstipps für das vierte Chakra in Ihre Tagesroutine miteinbeziehen.
- Sie haben weniger als vier Fragen mit Ja beantwortet: Ihr Qi im vierten Chakra ist relativ ausgeglichen. Trotzdem können Sie jederzeit an diesem Chakra arbeiten, wenn Ihnen danach ist. So stärken Sie dieses Energiezentrum und beugen den ihm zugeordneten Beschwerden vor.

Test 5: Wie stark ist Ihr Hals-Chakra-Qi?

- Ich bin eher ein schüchterner Typ und fühle mich in Gegenwart anderer oft unsicher.
- Es fällt mir nicht so leicht, meine Gefühle und Gedanken in Worte zu fassen, und ich breche oft mitten im Satz ab.
- Ich leide unter einem Sprachfehler (stottern, lispeln o.ä.).
- Zu Notlügen zu greifen finde ich nicht tragisch.
- Es fällt mir schwer, offen meine Meinung zu sagen.

- Mir fehlen oft neue Ideen für meine Arbeit.
- Ich habe oft den Eindruck, dass ich etwas überhöre oder mich verhöre.
- Ich tappe oft in einen Fettnapf und wähle, ohne es zu wollen, die falschen Worte. Ich merke dann erst später, wenn ich jemanden verletzt habe.
- Ich neige dazu, andere Menschen in Grund und Boden zu reden oder sie nach meinem Willen zu lenken, weil sie mir ohnedies nicht das Wasser reichen können.
- Ich habe häufig Halsschmerzen/leide unter Heiserkeit.
- Mein Nacken/die Schultern sind häufig verspannt.
- Ich habe Probleme mit der Schilddrüse.

Im Chinesischen gibt es das Sprichwort: »Nur ein Kranker wird krank.« Eines der wichtigsten Anliegen der chinesischen Medizin ist es daher, Beschwerden frühzeitig vorzubeugen.

Auswertung Test 5

- Sie haben mehr als sechs Fragen mit Ja beantwortet: Ihr Hals-Chakra benötigt Unterstützung! Wenn Sie das Qi in Ihrem fünften Chakra wieder in harmonischen Fluss bringen, kann Ihnen das sehr helfen, sich bald wieder besser zu fühlen.
- Sie haben mehr als vier Fragen mit Ja beantwortet: Die Störung des Chakra-Qis ist noch nicht allzu stark ausgeprägt. Doch es schadet sicher nichts, wenn Sie Ihr Hals-Chakra im Blick behalten und die Qi-Gong-Übungen oder die Alltagstipps für das fünfte Chakra in Ihre Tagesroutine miteinbeziehen.
- Sie haben weniger als vier Fragen mit Ja beantwortet: Ihr Qi im fünften Chakra ist relativ ausgeglichen. Trotzdem können Sie jederzeit an diesem Chakra arbeiten, wenn Ihnen danach ist. So stärken Sie dieses Energiezentrum und beugen den ihm zugeordneten Beschwerden vor.

Test 6: Wie stark ist Ihr Stirn-Chakra-Qi?

- Religion, Glaube und Spiritualität liegen mir nicht. Mir ist das alles zu diffus.
- Es fällt mir schwer, echte Ziele in meinem Leben zu entwickeln. Ich habe meinen Weg noch nicht gefunden.
- Ich habe oft das Gefühl, dass alles, was ich tue, völlig sinnlos ist.

- Es ist ganz egal, was ich arbeite. Hauptsache, das Geld stimmt.
- Ich mache mir selten Gedanken über die Welt/das Leben.
- Ich kann mich selten an meine Träume erinnern.
- Ich leide unter Ängsten und depressiven Verstimmungen.
- Ich gerate häufig aus dem Gleichgewicht und habe gelegentlich Probleme, Bewegungen zu koordinieren.
- Es fällt mir häufig schwer, mich zu konzentrieren.
- Ich leide öfter unter Kopfschmerzen oder Migräne.
- Ich leide häufig unter Nasennebenhöhlenentzündungen.
- Ich habe Probleme mit den Augen (Sehstärke, Entzündungen) oder Ohren (Entzündungen, Hörfähigkeit).

Auswertung Test 6

Sorgen, Ängste oder aufgestaute Emotionen können sich durch eine Entzündung der Nasennebenhöhlen zeigen. Aber auch Polypen oder Fehlstellungen der Nasenscheidewand können über eine Beeinträchtigung der Atmung diese Beschwerden hervorrufen. Die genauen Ursachen kann ein erfahrener TCM-Arzt zuverlässig abklären.

- Sie haben mehr als sechs Fragen mit Ja beantwortet: Ihr Stirn-Chakra benötigt Unterstützung! Wenn Sie das Qi in Ihrem sechsten Chakra in harmonischen Fluss bringen, kann Ihnen das helfen, sich bald wieder besser zu fühlen.
- Sie haben mehr als vier Fragen mit Ja beantwortet: Die Störung des Chakra-Qis ist noch nicht allzu stark ausgeprägt. Doch es schadet sicher nichts, wenn Sie die Qi-Gong-Übungen oder die Alltagstipps für das zweite Chakra in Ihre Tagesroutine einbeziehen.
- Sie haben weniger als vier Fragen mit Ja beantwortet: Ihr Qi im sechsten Chakra ist relativ ausgeglichen. Trotzdem können Sie jederzeit an diesem Chakra arbeiten, wenn Ihnen danach ist. So stärken Sie dieses Energiezentrum und beugen den ihm zugeordneten Beschwerden vor.

Test 7: Wie stark ist Ihr Kronen-Chakra-Qi?

- Ich kann nur schwer meditieren.
- Ich finde schwer meine innere Ruhe.
- Ich nehme meine äußere Umwelt sehr ernst.
- Ich leide unter Depressionen.
- Ich fühle mich oft geistig ausgelaugt und habe Gedächtnislücken.
- Ich würde mich gern mehr auf der spirituellen Ebene bewegen.
- Es fällt mir schwer, Entscheidungen zu treffen.

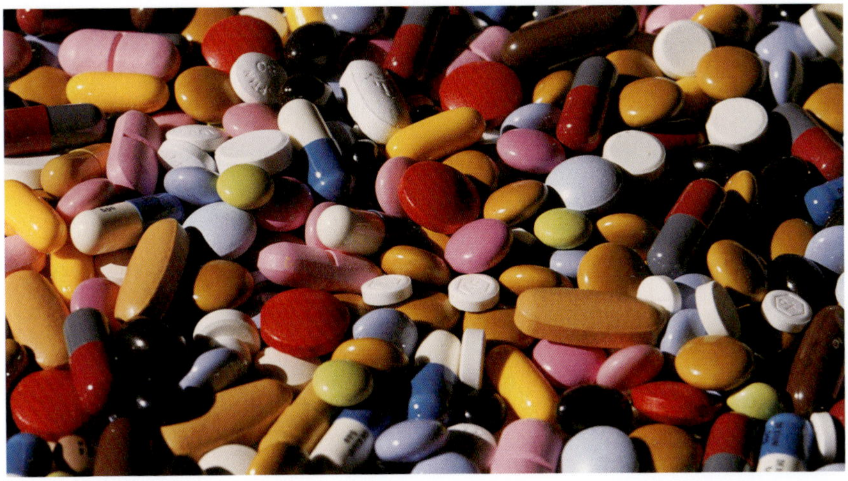

Bei vielen Alltagsbeschwerden ist es nicht nötig, gleich zur Tablettenschachtel zu greifen.

- Ich kann schlecht einschlafen und wache nachts häufig auf.
- Ich habe häufig Kopfschmerzen und leide unter chronischen Erkrankungen.
- Mit machen gelegentlich depressive Verstimmungen zu schaffen.
- Was wir im Leben tun, ist unerheblich, denn nach dem Tod ist alles zu Ende.
- Ich leide unter einer chronischen oder schwer heilbaren Krankheit.

Auswertung Test 7

- Sie haben mehr als sechs Fragen mit Ja beantwortet: Ihr Kronen-Chakra benötigt Unterstützung! Wenn Sie das Qi in Ihrem siebten Chakra in harmonischen Fluss bringen, kann Ihnen das sehr helfen, sich besser zu fühlen.
- Sie haben mehr als vier Fragen mit Ja beantwortet: Die Störung des Chakra-Qis ist noch nicht allzu stark ausgeprägt. Doch es schadet sicher nichts, wenn Sie die Qi-Gong-Übungen oder die Alltagstipps für das siebte Chakra in Ihre Tagesroutine einbeziehen.
- Sie haben weniger als vier Fragen mit Ja beantwortet: Ihr Qi im siebten Chakra ist relativ ausgeglichen. Trotzdem können Sie jederzeit an diesem Chakra arbeiten, wenn Ihnen danach ist. So stärken Sie dieses Energiezentrum und beugen den ihm zugeordneten Beschwerden vor.

Arbeitsfreie Zeiten heißen nicht umsonst Ruhetage. Das Verlangen nach einer abwechslungsreichen Freizeitgestaltung führt jedoch bei vielen Menschen dazu, sich bis zur völligen Erschöpfung mit anstrengenden Urlauben, Sportarten und Geselligkeiten zu verausgaben. Verordnen Sie sich ein ruhiges Wochenende, wenn Ihr Alltag von Terminen und Verpflichtungen geprägt ist.

Qi-Gong-Übungen für jedes Chakra

Nach chinesischer Vorstellung ist Qi eine Energie, die jeden Menschen, jede Pflanze, jeden Stein – kurz: den gesamten Kosmos – durchdringt. Im Menschen verläuft das Qi über Meridiane und sammelt sich an Qi-Zentren, den Chakras. Mit den Übungen des Chakra-Qi-Gong können Sie gezielt jedes Chakra-Qi anregen und so Ihre Vitalität steigern, Beschwerden vorbeugen und Energiemangel ausgleichen. Darüber hinaus fördern die Übungen Ihre Beweglichkeit und Ausgeglichenheit.

Über das Chakra-Qi-Gong

Das Konzept der Qi genannten Lebensenergie in der Traditionellen Chinesischen Medizin haben Sie bereits kennengelernt. In der TCM kennt man eine ganze Reihe von Körpertherapien und verfügt über eine umfangreiche Arzneimittelkunde, mit deren Hilfe Sie Ihre Chakra-Energie und den Fluss des Qis positiv beeinflussen und selbst ganzheitlich etwas für Ihre Gesundheit und Ihr geistig-seelisches Wohlbefinden tun können. Wenn Sie für einen ungehinderten Fluss Ihres Qis sorgen, kommen Sie in den Genuss einer gesteigerten Vitalität, von Kraft und Lebensfreude. Ihr Geist entspannt sich, negative Gedankenmuster verblassen, und Sie gewinnen eine gelassene, positive Ausstrahlung.
Eine der wichtigsten Selbstheilungsmethoden aus der TCM sind die langsamen, fließenden Körperübungen des Qi-Gong.

Um nachhaltige Wirkung zu zeigen, sollten die Qi-Gong-Übungen möglichst täglich und in völliger Ruhe ausgeführt werden. Wie wichtig diese Übungen sind, zeigt ein Blick auf die Wirkungen von Qi-Gong: Qi-Gong wirkt anregend auf den Geist, vermehrt das Qi und fördert die Konzentrationsfähigkeit. Körper, Geist und Seele erfahren eine deutliche Stärkung, und die Widerstandsfähigkeit gegen Erkrankungen aller Art wird deutlich erhöht.

Aus der Schatzkammer der TCM

Qi-Gong stellt eines der bedeutendsten Vermächtnisse aus der Schatzkammer der TCM dar. Die Übungen regen den Fluss des Qi und die Energie in den Chakras an und wirken so positiv auf alle Körperfunktionen. Allen Formen des Qi-Gong ist gemeinsam, dass in den Dehnungsübungen und Stellungen Aspekte der Natur imitiert werden und die fünf Elemente (Wasser, Holz, Feuer, Erde und Metall) genutzt werden, um körperliche oder emotionale Störungen zu beseitigen. Weil Qi-Gong-Übungen immer ausgleichend und harmonisierend wirken, helfen sie dabei, nach einer überstandenen Krankheit schneller wieder gesund zu werden. In der TCM wird Qi-Gong außerdem nicht nur zur Vorbeugung, sondern auch zur Behandlung von Krankheiten eingesetzt.

Ruhiges und bewegtes Qi-Gong

Doch was verbirgt sich hinter Qi-Gong, und wie können Sie es gezielt für Ihren Chakra-Typ und Ihr Wohlbefinden einsetzen? Als Qi-Gong werden heute eine Vielzahl zum Teil ganz unterschiedlicher Methoden bezeichnet, mit denen die Lebensenergie Qi durch den Menschen selbst genährt und gepflegt werden soll. Prinzipiell kann man zwei Arten des Qi Gong unterscheiden: Das eine ist das »Qi Gong der Ruhe«, dessen Übungen im Stehen, Sitzen oder Liegen ausgeführt werden und bei denen die Atmung eine sehr wichtige Rolle spielt. Die ruhigen Bewegungen führen zu einer umso intensiveren Wahrnehmung und Steuerung der inneren Bewegung. Die zweite Art ist das »Qi Gong der Bewegung«, bei der geschmeidige, fließende Bewegungen eingesetzt werden, um Gedanken und Gefühle, Qi und körperliche Kraft in Harmonie zu bringen. Zuletzt gibt es auch eine dritte Art des Qi Gong, in der die Elemente Bewegung und Ruhe miteinander vereinigt werden.

RATSCHLÄGE AUS DEM NEI JING

Das Nei Jing entstand um 200 v. Chr. und gilt bis heute als eine der besten Einführungen in das Qi-Gong. Es enthält eine Sammlung von Gesundheitsempfehlungen des legendären Arztes Qi Bo für den Gelben Kaiser, Huang Di. Folgender Auszug entstammt diesem Standardwerk:

»Huang Di spricht zu dem erhabenen Meister Qi Bo: Man hat mir berichtet, dass die Menschen im frühen Altertum hundert Jahre lebten, ohne das ihre Lebenskraft schwächer geworden wäre. Bei den Menschen von heute lassen die Kräfte schon mit fünfzig Jahren nach. Ist das so, weil die Zeiten sich geändert haben, oder ist es die Schuld der Menschen?

Dem Dao folgend, richteten sich die Alten nach Yin und Yang. Sie waren maßvoll in ihrer Ernährung und in ihren Tätigkeiten. Sie vermieden die Überforderung, gaben acht, ihrem Körper und ihrem Geist nicht zu schaden, und versetzten sich so in die Lage, hundert Jahre zu leben. Die Menschen heutzutage handeln nicht mehr in gleicher Weise, sie betrinken sich mit Alkohol, sind vermessen und verschwenderisch. Die Leidenschaften erschöpfen ihre Lebenskraft und vergeuden ihren natürlichen Atem. Unersättlich und unbedacht, liefern sie sich ihren Neigungen aus, widersetzen sich den wahren Freuden des Lebens, erregen sich ohne Maß und erschöpfen sich vor der Zeit.

Die Weisen des hohen Altertums lehrten jeden, (...) durch Ruhe und Konzentration ihren natürlichen Atem zu kontrollieren, um ihren Geist im Inneren zu halten, damit sie den Krankheiten keine Angriffsfläche bieten. (...) Der Körper arbeitet, ohne sich zu erschöpfen; der Atem folgt einem regelmäßigen Lauf, und jedes von ihnen ist befriedigt. (...) Gewöhnliche Menschen oder Gelehrte, klug oder nicht, alle hielten sich von inneren Erschütterungen fern, denn sie stimmten mit dem Tao überein. Sie erreichten ein Alter von hundert Jahren, ohne dass ihre Lebenskraft nachgelassen hätte.«

Was heißt Qi-Gong?

Das Wort »Qi« hat viele Bedeutungen, heute wird es vielfach vereinfachend mit »Lebenskraft« übersetzt. »Gong« dagegen bedeutet »Arbeit, Ausdauer« und »mit viel Mühe erreichte Geschicklichkeit«. So lässt sich der chinesische Begriff Qi-Gong, der auf eine über 3000 Jahre alte Geschichte zurückblicken kann, am ehesten mit »Arbeit an der Lebensenergie« übersetzen. Beim Qi Gong handelt es sich um eine umfangreiche Sammlung verschiedener Übungen und Bewegungsfolgen, die das Qi durch Atmung, Bewegung und Vorstellungskraft anregen.

Qi-Gong kann auf eine über 3000-jährige Geschichte zurückblicken.

Die Wirkung von Qi-Gong

Qi-Gong stärkt als ganzheitliches Übungssystem den Menschen sowohl innerlich als auch äußerlich. Sie fühlen sich gelassener, können sich besser konzentrieren, sind gut gelaunt, ruhig und wunderbar beschwingt. Sobald Qi ungehindert fließt und unsere Chakras gut versorgt sind, fühlen wir uns umgehend stärker und leistungsfähiger. Studien der »Allchinesischen Vereinigung für Akupunktur und Moxibustion« sowie der »Studiengesellschaft für Qi-Gong-Wissenschaft unter Professor Li Ding (Provinz Shanxi)« haben gezeigt, dass regelmäßiges Üben von Qi-Gong den Bewegungsapparat stärkt, die Hautfunktionen verbessert, die Gehirnfunktionen reguliert, den Blutkreislauf sowie den Stoffwechsel fördert.

Qi-Gong – Teil einer gesunden Lebensweise

Bis heute gehört zum Qi-Gong eine ganzheitlich wirkende, gesunde Lebensweise. So gilt das Maßhalten und Mäßigung in allem, beim Essen, beim Bewegen, beim Ruhen, aber auch im Kontakt mit anderen Menschen und im eigenen Gefühlshaushalt als eine der wichtigsten Voraussetzungen für ein langes, gesundes Leben.

Das Einüben von Gelassenheit und regelmäßige Entspannungsübungen gehören zu den Säulen der östlichen Gesundheitslehren.

- **Ein fester Tagesablauf:** Die wichtigste Voraussetzung für einen gesunden Lebensstil ist ein gut durchstrukturierter Tag. Dazu gehört beispielsweise, dass Sie jeden Tag zur selben Zeit aufstehen, Ihre Mahlzeiten zur selben Zeit einnehmen und Ihre Pflichten und Aufgaben ebenfalls in bestimmten Zeiträumen erledigen. Abends sollten Sie möglichst auch um die gleiche Zeit und vor Mitternacht zu Bett gehen. Das sorgt für einen guten, erholsamen und Kraft spendenden Schlaf.
- **Auf Alkohol, Nikotin und Zucker verzichten:** Vermeiden Sie Alkohol und Nikotin oder schränken Sie den Gebrauch auf ein gesundheitlich unbedenkliches Maß ein. Schränken Sie den Verzehr von Süßigkeiten ein. Diese enthalten in der Regel weißen Zucker, der ohne jeden gesundheitlichen Nutzen ist und stattdessen nur jede Menge leerer Kalorien enthält. Zudem belastet zu viel Zucker den Stoffwechsel und wirkt negativ auf den Blutzuckerspiegel.
- **Gelassenheit üben:** Versuchen Sie, auch in Stresssituationen ruhig zu bleiben. Das klingt schwieriger, als es ist. Machen Sie sich klar, dass es in der Regel überhaupt nichts bringt, sich aufzuregen und herumzuwüten. Auch Ihrem inneren Gleichgewicht kommt diese Art und Weise des Umgangs mit Traurigkeit oder

Wut nicht zugute. Versuchen Sie lieber, sich und Ihre Gefühle nicht so wichtig zu nehmen. Gehen Sie achtsam mit sich und mit anderen Menschen um.

- **Toleranz leben:** Großzügigkeit, Mitgefühl und Verständnis für die Menschen, die uns im Alltag begegnen oder mit denen wir zusammenleben, schaffen ein positives, angenehmes Klima. Versuchen Sie, eine Grundeinstellung zu entwickeln, in der Sie eher bereit sind, etwas hinzunehmen und zu verzeihen, als zu bestrafen und zu richten. So können Sie Ärger und Stress vermeiden und gewinnen zugleich eine liebenswürdige und Respekt einflößende Ausstrahlung.
- **Natur erleben:** Gehen Sie jeden Tag einmal spazieren. Auch bei schlechtem Wetter tut die Extraportion Sauerstoff und die ruhige Bewegung Körper und Geist gut. Genießen Sie die Sonne und das Licht, atmen Sie ruhig und entspannt und betrachten Sie in Ruhe und Gelassenheit alles, was Ihnen auf Ihrem Weg begegnet.
- **Zeit für sich selbst nehmen:** Ziehen Sie sich jeden Tag zu einer bestimmten Zeit zurück, die nur Ihnen gehört. Meditieren Sie, oder legen Sie sich zehn Minuten in aller Ruhe hin. Lassen Sie dabei Ihren Gedanken freien Lauf, hängen Sie Träumen nach, bauen Sie Luftschlösser und entwickeln Sie Visionen. Konzentrieren Sie sich ganz auf sich selbst und alles, was Ihnen guttut und guttun könnte.

Es gibt im Qi-Gong sehr kurze und einfache Übungen, aber auch zeitaufwendige und schwierige. Ebenso findet man in dem schier unerschöpflichen Kanon an Möglichkeiten sanfte und langsame Bewegungen ebenso wie kraftvolle und schnelle. Alle Übungen jedoch dienen einem Ziel: der Gesunderhaltung und Heilung, der Verbesserung, Erhaltung und Verlängerung des Lebens.

Qi-Gong und seine verschiedenen Formen

In China haben sich im Laufe der Jahrtausende eine ganze Reihe von Qi-Gong-Formen herausgebildet. In den verschiedenen Schulen werden unterschiedliche Übungen gelehrt und der Schwerpunkt auf jeweils andere Aspekte gelegt. Manche Schulen stehen eher den traditionellen Kampfkünsten nahe, eine Variante davon ist das bekannte Tai Ji Quan. Andere tendieren eher zur Meditation und Versenkung. Dementsprechend stehen bei einigen Schulen eher körperbetonte Übungen im Vordergrund, während andere verstärkt auf eine geistige Übungshaltung setzen.

Tai Ji Quan

Welch hohes Ansehen das Tai Ji Quan im Reich der Mitte genießt, zeigt ein altes chinesisches Sprichwort: »Tai Ji Quan schenkt die Geschmeidigkeit eines Kindes, die Gelassenheit eines Weisen und die Gesundheit eines Holzfällers.«

Die alte chinesische Bewegungslehre Tai Ji Quan, bei uns auch als Schattenboxen bekannt, wurzelt in traditionellen Verteidigungskünsten wie dem Kung Fu. Heute wird sie als Heilgymnastik, Meditation und Kampfsport in einem eingesetzt. Die sanften, fließenden Bewegungen werden immer langsam und konzentriert – »wie unter Wasser« – ausgeführt.

Mittlerweile gibt es die sogenannte Peking-Form des Tai Ji Quan, eine modifizierte Form mit 24 kurzen Bewegungsfolgen. Sie ist leichter zu erlernen als die traditionellen langen Bewegungsfolgen und erleichtert daher auch Anfängern den Einstieg in diese Form des Qi-Gong. Dennoch bedarf es langjähriger Übung und Anleitung durch

WICHTIGE RATSCHLÄGE

Wenn Sie sich für Qi-Gong entschieden haben, hier noch ein paar wichtige Ratschläge für Sie:

- Wenn Sie lieber in einer Gruppe üben möchten und sich schwer damit tun, alleine zu entspannen, suchen Sie sich einen Lehrer und schließen Sie sich einem Kurs an.
- Sollten Sie Qi-Gong-Übungen ganz gezielt gegen bestimmte chronische Beschwerden einsetzen wollen, ist es ratsam, sich trotz aller Einfachheit und der leichten Erlernbarkeit der Übungen immer erst von einem Arzt oder Heilpraktiker untersuchen lassen.
- Da diese Art von Körpertherapie auch im Westen mittlerweile gut bekannt ist, finden Sie in den Gelben Seiten oder über das Internet ziemlich schnell Fachleute. Prüfen Sie jedoch bei der Kontaktaufnahme, ob diese einem seriösen Berufsverband angehören, eine entsprechende Ausbildung nachweisen können und versichert sind. Eine Qi-Gong-Therapie setzt außerdem immer auch Vertrauen zum Therapeuten voraus, und Sie sollten sich dabei wohlfühlen.
- Schwere körperliche und seelische Erkrankungen müssen medizinisch behandelt werden. Qi-Gong kann, wie andere körpertherapeutische Übungen auch, nur ergänzend im Rahmen eines ganzheitlichen Therapieansatzes hinzugezogen werden.

einen Lehrer, um die hohe Kunst des Tai Ji Quan richtig zu beherrschen.

Duftendes Qi-Gong

Ohne Anleitung sind dagegen das Duftende Qi-Gong-Xianggong und die kombinierten Tai-Ji- und Qi-Gong-Übungen zu erlernen. So zeichnen sich die Übungen des Duftenden Qi-Gong dadurch aus, dass sie problemlos in den Alltag integriert und ohne Vorkenntnisse erlernt werden können.
Die Chakra-Qi-Gong-Übungen, die Sie ab Seite 109 finden, sind alle einfach, und nach wenigen Wiederholungen werden Ihnen die Bewegungsabläufe leicht fallen.

Die Atemtechniken des Qi-Gong

Der Atem spielt bei allen chinesischen Körpertherapien eine zentrale Rolle. Er sollte immer gleichmäßig, ruhig und tief sein. Dieses Atemmuster können Sie nur bilden, wenn Sie entspannt und mit dem Bauch atmen. Viele Menschen atmen zu flach oder nur in den Brustkorb hinein. Stress und Anspannung führen bisweilen sogar dazu, dass der Atem phasenweise unterdrückt wird. So kann sich der Atem nicht ausbreiten und das Qi nicht fließen.
Beim Qi-Gong wird Ihr Atem durch das Zusammenspiel von Ruhe und fließenden harmonischen Bewegungen wie von selbst tiefer und gleichmäßiger. Durch das richtige Atmen verbessert sich die Zellatmung, der Stoffwechsel normalisiert sich, und die Organfunktionen werden angeregt. Zudem steigert das richtige Atmen die Konzentrationsfähigkeit, innere Unruhe nimmt ab, und man fühlt sich ausgeglichen und ruhig.
Durch das tiefe Ein- und Ausatmen werden alle Lungenbläschen frei, um beim nächsten Atemzug wieder genügend frischen Sauerstoff aufnehmen zu können. Wichtig dabei ist allerdings, sich beim Üben nicht zu sehr auf das Atmen zu konzentrieren, schließlich passt sich der Atem ganz automatisch den langsamen Bewegungen des Körpers an.

Vor den Qi-Gong-Übungen sollten Sie sich immer einen Moment der inneren Sammlung gönnen, um konzentriert und gleichzeitig entspannt zu werden. Versuchen Sie, störende Gedanken und Tagesaktualitäten ohne Zwang für eine Weile beiseite zu schieben.

Natürliches Atmen und Qi-Atmen

Beim Qi-Gong kommen verschiedene Atemtechniken zum Einsatz. Für den Anfang müssen Sie nur zwei davon kennen: das »natürliche Atmen« und das »Qi-Atmen«.

So erstaunlich es klingen mag, aber die meisten Menschen haben das natürliche Atmen verlernt, weil sie sich keine Zeit mehr dafür nehmen. Statt über das Zwerchfell zu atmen, holen sie hauptsächlich über den Brustkorb Luft. Eine Reihe typischer Zivilisationskrankheiten wie Fehlhaltungen und Verspannungen sowie Herz- und Kreislaufstörungen resultieren unter anderem daraus.

Übung zum natürlichen Atmen

Wenn möglich, sollten Sie für Ihre Qi-Gong-Übungen an einen ruhigen Ort im Freien gehen. Ist es draußen zu kalt, können Sie natürlich auch ein ruhiges Zimmer aufsuchen. Achten Sie aber dann bitte auf eine gute Belüftung.

Dabei ist natürliches Atmen ganz einfach: Ziehen Sie die Luft bei geschlossenem Mund durch die Nase ein. Dabei hebt sich ohne jegliche Anspannung das Zwerchfell, der Bauch rundet sich leicht und sinkt beim Ausatmen wieder ein.

- Setzen Sie sich auf einen Stuhl, die Beine sind hüftweit geöffnet, die Hände legen Sie übereinander auf den Bauch in Höhe des Zwerchfells um den Bauchnabel. Ihre Wirbelsäule ist aufgerichtet, der Kopf gerade in Verlängerung derselben. Stellen Sie sich vor, Sie würden an einem Faden, der am Scheitelpunkt ihres Kopfes befestigt ist, nach oben gezogen.

QI-GONG, AUCH EINE LEBENSEINSTELLUNG

Qi-Gong bedeutet weit mehr als körpertherapeutische Atemübungen. Wer nach der Philosophie des Qi-Gong lebt, gestaltet sein Leben in Achtsamkeit. Dieser Begriff entstammt der Lehre des Buddhismus und beinhaltet unter anderem, dass wir bei allen unseren Tätigkeiten, auch den kleinsten und scheinbar unwichtigsten, beim Gehen, Sprechen, Essen oder einfachen Arbeiten unseren Körper ganz bewusst wahrnehmen. Dieses In-sich-Hineinspüren hilft dabei, in jedem Moment bei uns zu sein sowie ein Gefühl dafür zu entwickeln, was wir wirklich brauchen und was uns guttut. Qi-Gong ist wie eine Alltagsmeditation, die uns tief mit unserem Innenleben und unserem Wesenskern verbindet.

Der achtsame Umgang mit sich selbst führt zu einer gelassenen Lebensfreude bis ins hohe Alter.

- Atmen Sie nun tief durch die Nase ein und wieder aus. Der Mund bleibt dabei geschlossen. Spüren Sie in die Bewegung Ihres Zwerchfells und wie sich Ihre Hände heben und senken.
- Diese Übung können Sie jederzeit zwischendurch durchführen, wenn Sie sich gestresst oder blockiert fühlen. Ihr Herzschlag verlangsamt sich dabei, und Verkrampfungen lösen sich. Gelassenheit stellt sich ein.

Qi-Atem-Übung

Beim Qi-Atmen geht es darum, seinen Körper und seine Organe bewusst zu spüren. Es stellt sich beim Üben fast automatisch ein, sofern Sie völlig entspannt sind. Neulinge haben beim Qi-Atmen oft die Sorge, etwas falsch zu machen, weil sie mit der Brust atmen. Bei den meisten Übungen ist es überhaupt kein Problem, wenn Sie mit der Brust atmen, sofern Schultern und Nacken locker bleiben.

Diese Übung können Sie übrigens auch sehr gut als Einschlafhilfe verwenden. In diesem Fall sollten Sie sie natürlich liegend und im Bett durchführen.

- Setzen Sie sich auf einen Stuhl, die Beine sind hüftweit geöffnet. Die Hände legen Sie übereinander auf den Bauch in Höhe des Zwerchfells und neben den Bauchnabel. Ihre Wirbelsäule ist aufgerichtet, der Rücken gerade. Stellen Sie sich vor, Sie würden an einem Faden nach oben gezogen, der am Scheitelpunkt ihres Kopfes befestigt ist.
- Ziehen Sie die Luft ganz langsam durch die Nase ein. Dabei spüren Sie, wie sich das Zwerchfell nach unten zieht, die Bauchmuskeln spannen sich. Ihr Qi fließt nun vom unteren Dan Tian, dem Wurzel-Chakra, in die unsichtbaren Energiebahnen Ihres Körpers, die Meridiane.
- Atmen Sie tief und langsam durch die Nase aus. Ihre Bauchmuskeln entspannen sich, und Ihr Wurzel-Chakra lädt sich mit Energie auf. Atmen Sie erst dann wieder ein, wenn Sie das Bedürfnis verspüren. So stellt sich ganz von selbst ein gesunder Atemrhythmus ein. Wie bei anderen Techniken auch macht Übung den Meister: Je öfter Sie diese Qi-Atem-Übung durchführen, desto sicherer werden Sie – und desto mehr Energie kreist in Ihrem Wurzel-Chakra.

Qi-Gong kann Ihnen auch dabei helfen, zurück zu Ihrer Mitte zu finden. Aus dieser Mitte heraus spüren Sie, was für Sie persönlich gut und richtig ist. Sie fühlen sich innerlich frei, weil Sie Ihre Energieblockaden gelöst haben, und entscheiden selbstbewusst und aktiv über Ihr Leben.

Die besten Tipps für Ihre Qi-Gong-Übungen

Bevor Sie mit den eigentlichen Übungen beginnen können, geben wir Ihnen nachfolgend noch ein paar Hinweise, die Ihnen den Einstieg erleichtern:

- Alle Bewegungen beim Qi-Gong sind fließend und rund. Jeder Bewegungsablauf geht sanft in den anderen über. Hektische, abrupte Bewegungen sowie Stockungen gibt es nicht. Alle Bewegungen sind im Fluss. Arme und Hände führen kreis- und bogenförmige Bewegungen aus, und auch die Füße bewegen sich in diesen Abläufen. Alle Bewegungen werden rhythmisch ausgeführt.
- Der Körper ist beim Qi Gong fest und doch entspannt. Nur so kann die Kraft frei fließen. Gelenkt werden die Bewegungen vom Kopf aus. Der Körper ruht in seiner Mitte und ist über die Füße fest mit dem Boden verwurzelt.

- Führen Sie die Übungen konzentriert durch. Alle Übungen werden immer erst im Geist ausgeführt. Körper, Geist und Seele verschmelzen miteinander und bilden eine Einheit. Versenken Sie sich ganz in die Übungen und führen Sie sie dann erst aus. In China sagt man: »Der Geist lenkt den Körper« und »Der Körper folgt dem Gedanken«.
- Ähnlich wie bei einer Meditation sollte der Geist in Ruhe sein. Lassen Sie eine innere Leere einziehen und schieben Sie negative Gedanken oder Störendes beiseite. Betrachten Sie sich selbst und Ihre Umgebung freundlich, gelassen und voller Zuversicht. Die geistige Einstellung spiegelt sich in der Körperhaltung wider. Der regelmäßige Atemrhythmus ist eine gute Einstimmung.
- Nutzen Sie beim Üben Ihre Vorstellungskraft, um Ihr Qi oder die Chakra-Energie zu aktivieren. Stellen Sie sich vor, wie sich das Chakra erwärmt und wie die Energie durch die Leitbahnen Ihres Körpers strömt und Ihnen Kraft schenkt.

Einbinden der Übungen in den Alltag

Die Abläufe für Ihre Übungen sollten Sie in Ihren Alltag einbinden, sodass Sie ohne große Vorbereitungen damit beginnen können. Sobald Sie eine Übungsroutine gewonnen haben, können Sie Ihr Qi-Gong-Ritual wunderbar zwischendurch durchführen, wenn Sie an einem »toten Punkt« sind und schnell wieder fit sein möchten.

- Üben können Sie zu jeder Tageszeit. Ideal sind der frühe Morgen und die Zeit vor dem Zubettgehen. Versuchen Sie aber, feste Übungszeiten einzuhalten.
- Nehmen Sie sich Zeit für Ihre Übungsrituale und sorgen Sie dafür, dass Sie ruhig und entspannt üben können.
- Üben Sie an einem Ort in Ihrer Wohnung, im Garten oder im Freien, wo Sie genügend Platz haben und ungestört sind. Wenn Sie in einem Zimmer üben, lüften Sie vorher gründlich.
- Anfänger sollten jeden Tag ein- bis zweimal jeweils zehn Minuten üben. Fortgeschrittene können sich bei Bedarf ein- bis zweimal am Tag zwanzig bis dreißig Minuten Zeit nehmen.
- Führen Sie die Übungen nur aus, wenn Sie gesund sind.

Dr. Li empfiehlt: »Nehmen Sie sich jeden Morgen eine Viertelstunde Zeit, öffnen Sie das Fenster und setzen Sie sich im Schneidersitz auf den Boden. Verschränken Sie die Arme, atmen Sie tief und ruhig, und konzentrieren Sie sich auf Ihre innere Mitte. Mehr nicht – das ist der Anfang. Beginnen Sie erst später mit Qi-Gong. Lassen Sie sich Zeit und setzen Sie sich niemals unter Druck.«

Li Wus Meister aus dem Shaolin-Kloster sagt: »Konzentriere dich auf das innere Gleichgewicht. Konzentriere dich auf links und rechts, auf oben und unten, auf zu viel und zu wenig. Dann wird dein innerer Schwerpunkt von ganz allein in die Mitte gerückt.«

- Qi Gong kann eine hilfreiche Maßnahme während der Rekonvaleszenz sein. Bei bestimmten chronischen Leiden kann Chakra-Qi-Gong ebenfalls helfen. Sprechen Sie mit Ihrem TCM-Arzt oder Heilpraktiker darüber.
- Zum Üben sollten Sie immer bequeme, nicht einengende Kleidung tragen, die um Bauch und Hüften locker sitzt. Achten Sie darauf, dass Ihre Füße warm sind.
- Üben Sie regelmäßig. Setzen Sie sich beim Üben nicht unter Druck und seien Sie geduldig mit sich selbst. Es dauert seine Zeit, bis die Bewegungen zur Selbstverständlichkeit werden.
- Üben Sie erst, wenn Sie sich ruhig und gelassen fühlen, und nicht direkt im Anschluss an Situationen, in denen Sie sich aufgeregt haben. Lassen Sie Frieden in Ihr Herz und Ihren Geist einziehen.

Die richtige Grundhaltung

Ihre geistige Einstellung beeinflusst nicht nur Ihre Ausstrahlung, sondern auch Ihre Körperhaltung. Das Gleiche gilt natürlich auch umgekehrt. Es heißt: »Wenn die Gestalt nicht stimmt, kann Qi nicht sanft fließen. Fließt Qi nicht sanft, ist der Geist unruhig. Ist der Geist unruhig, wird Qi geschwächt.« Achten Sie darauf, dass Ihr Körper während des Übens entspannt ist, und beachten Sie auch die Hinweise auf Seite 114.

Grundhaltung für alle Qi-Übungen:

- Suchen Sie einen festen Stand und verbinden Sie sich innerlich mit dem Boden, auf dem Sie stehen. Stellen Sie die Füße hüftbreit auseinander, die Knie sind dabei leicht gebeugt. Ihre Hüften sind gerade, das Gesäß ist leicht eingezogen, aber nicht angespannt. So kann die Kraft in die Beine fließen.
- Wirbelsäule und Rücken sind aufrecht. Fallen Sie nicht ins Hohlkreuz und ziehen Sie leicht Ihren Bauch ein.

- Ihr Körper ist locker, die Arme hängen seitlich. Ziehen Sie die Schultern nicht nach oben, lassen Sie sie nicht nach unten oder hinten fallen. Die Ellenbogen sind angewinkelt (→ Foto S. 106).
- Die Handgelenke und Hände sind locker, aber nie schlaff. Ihre Finger sind leicht gekrümmt.
- Die Haltung des Kopfes ist gerade und aufrecht. Neigen Sie ihn nicht zur Seite, nach vorne oder hinten. Stellen Sie sich vor, Sie balancieren einen Gegenstand auf dem Scheitel. Oder dass Sie an einem unsichtbaren Faden an der Mitte Ihres Scheitels sanft nach oben gezogen werden. Schauen Sie geradeaus, die Lippen sind geschlossen. Die Zunge berührt den Gaumen. Der Hals ist gerade und dabei locker und biegsam.

Für alle Übungen gilt: Sofern nicht konkrete Anweisungen zu einem bestimmten Atemmuster gegeben sind, atmen Sie während den Übungen ruhig, tief und in Ihrem eigenen Atemrhythmus.

Grundübung des Chakra-Qi-Gong

1 Sie stehen aufrecht, die Beine schulterbreit auseinander. Die Knie sind leicht gebeugt, die Arme hängen locker nach unten, und die Handflächen zeigen seitlich zum Körper (→ Foto Seite 106).

2 Heben Sie jetzt langsam die Arme nach vorne und oben über den Kopf und am Gesicht vorbei und lassen sie wieder in die Grundhaltung sinken. Während Sie die Arme kreisen lasssen, ziehen Sie gedanklich an den Punkten Xia-Dan-Tian (Nabel-Chakra), Zhong-Dan-Tian (Herz-Chakra), Tian-Tu (Kehl-Chakra), Yin-Tang (Stirn-Chakra), Bai-Hui vorbei und gehen dann innerlich zurück über Da-Zhui, Ming-Men, Hui-Yin (Wurzel-Chakra) und Qu-Gu (Sakral-Chakra) → Foto.

3 Sie beginnen im Nabel-Chakra mit der Vorstellung eines kräftigen Rots, das in der nach oben kreisenden Bewegung immer heller wird.

4 Atmen Sie beim Heben der Arme ein und atmen Sie beim Senken aus.

5 Konzentrieren Sie sich auf die Chakra-Punkte und stellen Sie sich vor, Sie säßen auf einer Lotusblüte.

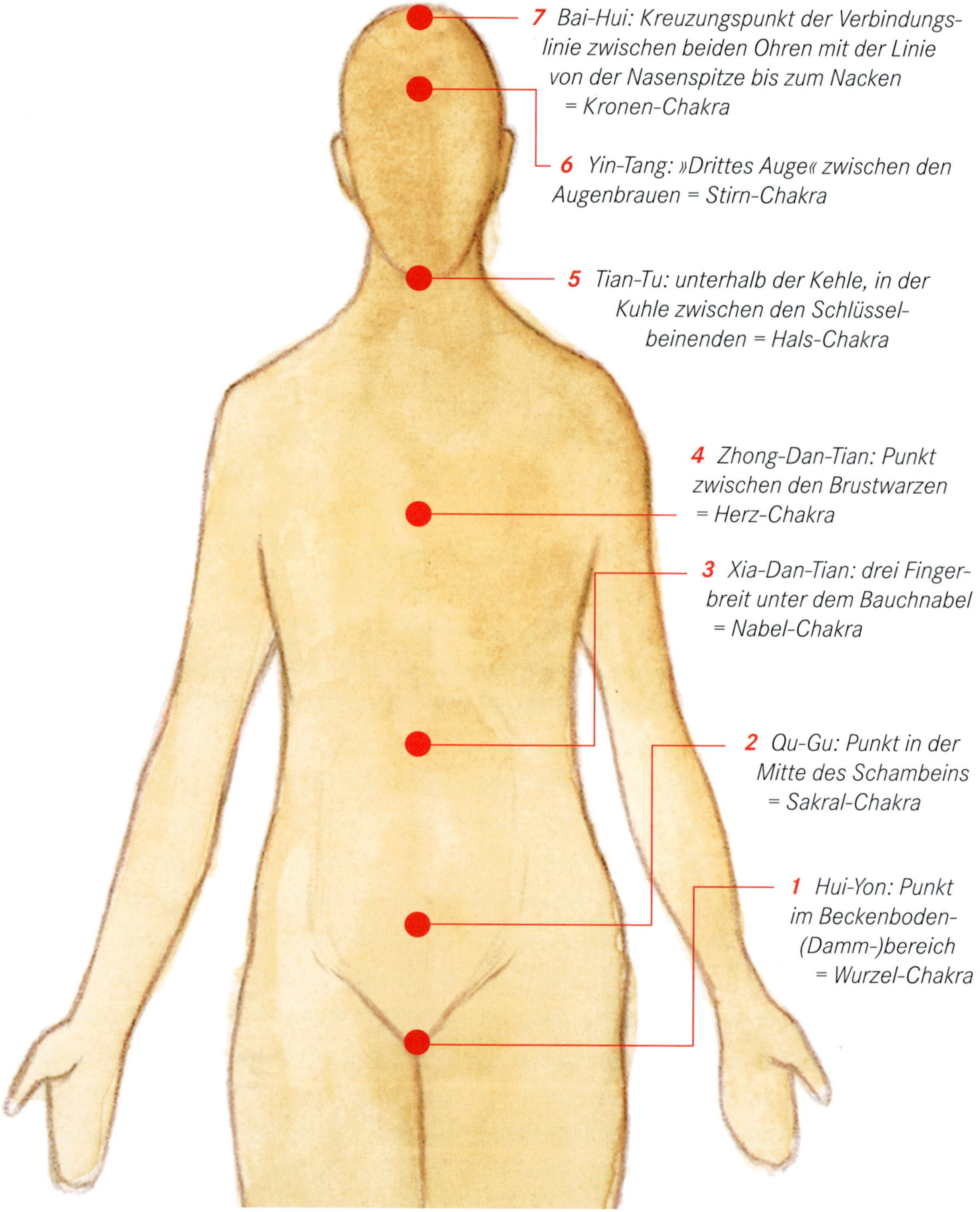
7 Bai-Hui: Kreuzungspunkt der Verbindungslinie zwischen beiden Ohren mit der Linie von der Nasenspitze bis zum Nacken = Kronen-Chakra
6 Yin-Tang: »Drittes Auge« zwischen den Augenbrauen = Stirn-Chakra
5 Tian-Tu: unterhalb der Kehle, in der Kuhle zwischen den Schlüsselbeinenden = Hals-Chakra
4 Zhong-Dan-Tian: Punkt zwischen den Brustwarzen = Herz-Chakra
3 Xia-Dan-Tian: drei Fingerbreit unter dem Bauchnabel = Nabel-Chakra
2 Qu-Gu: Punkt in der Mitte des Schambeins = Sakral-Chakra
1 Hui-Yon: Punkt im Beckenboden-(Damm-)bereich = Wurzel-Chakra

Qi-Gong für das Wurzel-Chakra

Übung 1: Mo Jing Men

1 Führen Sie drei Minuten die Grundübung von Seite 107 durch.

2 Begeben Sie sich jetzt in den Schneidersitz. Kreuzen Sie Ihre Arme und legen Sie die Hände auf Ihre Schultern (→ Foto).

3 Atmen Sie tief in den Hui-Yon-Punkt (Seite 108) ein. Spannen Sie gleichzeitig den Schließmuskel an und drücken Sie mit beiden Händen auf die Schultern.

4 Atmen Sie aus und entspannen Sie sich. Lockern Sie dabei Ihre Hände und auch Ihren Schließmuskel.

5 Wiederholen Sie die Übung zwanzigmal.

6 Reiben Sie zum Schluss mit kreisenden Handbewegungen die beiden Nierengegenden, je zwanzigmal gegen und im Uhrzeigersinn. Stehen Sie auf, gehen Sie zur nächsten Übung.

Übung 2: Qi Shi – der Anfang

1 Sie stehen aufrecht und gerade und halten die Füße dicht beieinander. Der Hals ist gestreckt, das Kinn leicht zur Brust gezogen. Die Arme hängen locker seitlich am Körper herab, Sie blicken nach vorne. Ihr Atem fließt tief und gleichmäßig. Sie sind ganz ruhig und konzentriert.

2 Verlagern Sie Ihr Gewicht nun auf das rechte Bein und gehen Sie mit dem linken Fuß in den schulterbreiten Stand. Ihre Knie sind dabei locker, und die Fußspitzen zeigen leicht nach vorne. Heben Sie nun die Arme langsam nach vorne. Die Handflächen zeigen zum Boden (→ Foto).

3 Heben Sie die Arme langsam auf Schulterhöhe. Die Finger sind dabei entspannt und leicht gespreizt. Der Handrücken ist leicht gewölbt.

4 Senken Sie Handgelenke und Ellenbogen. Ihre Schultern sind dabei entspannt und locker.

5 Beugen Sie Ihre Knie. Der Oberkörper bleibt dabei aufrecht. Drücken Sie die Handflächen nun leicht nach unten, als ob Sie Wasser nach unten drückten.

Übung 3: Hai Di Zhen – Nadeln auf dem Meeresgrund

1 Gehen Sie mit dem rechten Fuß einen halben Schritt nach vorne und stellen Sie ihn hinter den linken. Dabei verlagern Sie das Gewicht auf den rechten Fuß.

2 Heben Sie nun das linke Bein an, drehen Ihren Oberkörper dabei nach rechts außen und legen die linke Hand auf das linke Knie. Mit der rechten Hand stoßen Sie nun von oben nach links unten. Die linke Hand legen Sie dabei an die linke Hüfte. Die Augen sind nach vorne auf den Boden gerichtet (→ Foto oben).

Übung 4: Zhuan Shen Ban Lan Chui – den Körper drehen und mit der Faust schlagen

1 Verlagern Sie Ihr Gewicht auf das rechte Bein, und drehen Sie Ihren Oberkörper langsam nach rechts. Beschreiben Sie mit der rechten Hand einen großen Kreis. Die linke Hand heben Sie an. Die Augen schauen dabei auf die rechte Hand.

2 Nun verlagern Sie Ihr Gewicht wieder auf das linke Bein. Schließen Sie die rechte Hand zur Faust, und führen Sie sie in einem Bogen zum Bauch. Die Faust zeigt dabei nach unten. Jetzt heben Sie die linke Hand langsam vor die linke Schläfe (→ Foto). Die Handfläche zeigt dabei schräg nach oben. Die Augen schauen nach rechts.

3 Mit dem rechten Fuß gehen Sie jetzt einen Schritt zurück. Die Zehenspitzen drehen Sie dabei nach außen, die Ferse bleibt oben. Die rechte Hand mit der Faust nach oben drehen, und neben die rechte Hüfte ziehen. Die linke Hand sinkt auf Höhe des Kopfes, die Handfläche dreht nach innen und weist nach rechts (→ Foto). Dann das Gesicht auf das linke Bein verlagern und die Faust nach vorn stoßen. Die linke Hand auf den rechten Arm legen.

Übung 4

Übung 5: Den Körper drehen

1 Nehmen Sie mit überkreuzten Beinen bequem im Schneidersitz Platz. Die Wirbelsäule halten Sie dabei gerade und aufrecht. Schultern und Nacken sind locker und entspannt. Ihre Hände liegen entspannt auf den Oberschenkeln.

2 Legen Sie nun Ihre rechte Hand auf das rechte Knie und die linke Hand auf das linke Knie.

3 Atmen Sie tief durch die Nase ein. Drehen Sie mit dem Kopf beginnend, den Hals und schließlich den Körper einmal im Uhrzeigersinn. Atmen Sie während der Drehung tief aus (→ Foto).

4 Drehen Sie anschließend den Körper abwechselnd im Uhrzeigersinn und gegen den Uhrzeigersinn. Zwischen jeder Drehung machen Sie eine kurze Pause.

5 Wiederholen Sie diese Übung zwanzigmal im Uhrzeigersinn und zwanzigmal gegen den Uhrzeigersinn. Dabei drehen Sie sich abwechselnd einmal nach rechts und einmal nach links. Beugen Sie Ihren Kopf dabei so weit vor, wie es Ihnen noch angenehm ist.

Übung 5

Übung 6: Die Sonne genießen

1 Sitzen Sie locker und entspannt im Schneidersitz auf den Boden und legen Sie Ihre Hände auf die Knie. Die Handflächen zeigen jetzt nach oben, Daumen und Mittelfinger berühren sich. Die Arme sind dabei leicht angewinkelt aber nicht angespannt (→ Foto).

2 Schließen Sie die Augen und stellen Sie sich vor, Sie sehen die Sonne und spüren ihre wohltuende Wärme und das Licht. Lassen Sie dieses angenehme Licht und die Wärme in Ihren Körper strömen.

Übung 7: Das Qi lenken

1 Konzentrieren Sie sich ganz auf Ihre Hände. Nutzen Sie diese Konzentration, um das Qi zu lenken und zu führen. Konzentrieren Sie sich dabei auf den Punkt Lao-Gong, der sich in der Mitte Ihrer Handflächen befindet. Atmen Sie konzentriert tief und gleichmäßig ein und aus.

2 Stehen Sie aufrecht. Winkeln Sie nun die Arme an und drehen Sie die Handflächen nach innen zur Brust (→ Foto). Anschließend strecken Sie die Arme langsam nach außen. Die Handflächen drehen sich dabei nach vorn. Atmen Sie langsam und tief ein, damit sich der Brustraum so weit wie möglich dehnen kann.

3 Führen Sie langsam die Arme vor der Brust zusammen. Die Handflächen zeigen zuerst weiter nach vorn, dann zueinander und zum Schluss nach unten auf den Boden. Beugen Sie die Knie und gehen Sie ganz leicht in die Hocke. Atmen Sie dabei tief aus und entspannen Sie sich.

4 Wiederholen Sie die Übung drei- bis fünfmal.

Übung 8: Der Reiter hebt die Hände

1 Nehmen Sie die Grundposition im Stand ein. Sie sind innerlich ruhig und gelöst. Ihre Zunge berührt den oberen Gaumen. Die Knie zeigen nach außen.

2 Nehmen Sie jetzt eine Haltung wie beim Reiten ein. Schließen Sie die Hände zu Fäusten, und heben Sie sie langsam nach vorne und oben an (→ Foto). Führen Sie sie in Nabelhöhe zusammen, ohne dass sie sich berühren, als ob Sie Zügel in der Hand hielten.

3 Die Handrücken zeigen jetzt nach oben. Senken Sie die Arme wieder und atmen Sie dabei tief ein.

4 Dann falten Sie die Finger wie zum Gebet. Drehen Sie die Hände nach außen und strecken Sie dabei die Finger. Atmen Sie dabei aus. Heben Sie nun die Hände in dieser Haltung zuerst so weit es geht nach oben. Atmen Sie dabei tief ein.

5 Senken Sie dann die Hände langsam bis auf die Höhe des Unterleibs und atmen Sie dabei tief und langsam aus.

Übung 9: Jade-Phönix nickt mit dem Kopf

1 Sie stehen in der Ausgangsposition.

2 Falten Sie jetzt die Hände. Dabei bildet sich zwischen den Handflächen ein Hohlraum. Die Fingerspitzen zeigen nach oben.

3 Senken Sie die Hände in dieser Haltung vor dem Körper in einem Bogen nach unten bis auf Nabelhöhe (→ Foto).

4 Wiederholen Sie die Übung sechsunddreißigmal.

Übung 10: Die Hände kreuzend schwingen

1 Sie stehen in der Ausgangsposition. Kreuzen Sie Ihre Handgelenke auf Nabelhöhe. Die linke Hand befindet sich dabei innen am Bauch, die rechte liegt außen darüber.

2 Öffnen Sie die Arme und strecken Sie sie auf Taillenhöhe zur Seite (→ Foto). Die Arme sind dabei gestreckt, die Schultern locker und die Hände entspannt.

3 Wiederholen Sie die Übung sechsunddreißigmal. Atmen Sie dabei gleichmäßig ein und aus.

HINWEISE ZU DEN ÜBUNGEN

Bei der Vorbereitung auf die Qi-Gong-Übungen sollten Sie Folgendes beachten:

- Tragen Sie zum Üben Kleidung, die Sie nicht beengt.
- Ihre Füße sollten immer warm sein.
- Alle Übungen werden fließend, ruhig und langsam durchgeführt.
- Der Geist sollte ähnlich wie bei einer Meditation in Ruhe sein. Verweilen Sie im Moment und versuchen Sie, Ihren Geist zu leeren. Negative und störende Gedanken schieben Sie weg.
- Konzentrieren Sie sich ganz auf den Atem und Ihren eigenen Rhythmus. Halten Sie Ihre Hände dabei in Nabelhöhe auf die Bauchdecke und spüren Sie nach: Beim Einatmen durch die Nase hebt sich Ihr Bauch. Sie machen eine kurze Pause. Dann atmen Sie lange und ruhig durch den geöffneten Mund aus. Machen Sie eine kurze Pause und atmen Sie ein, wenn Ihnen danach ist. Insbesondere das gründliche Ausatmen ist wichtig. Dabei senkt sich die Bauchdecke.
- Wenn Sie Ihren Rhythmus gefunden haben, lassen Sie die Arme locker seitlich hängen.
- Aktivieren Sie gedanklich Ihr Qi, indem Sie sich eine von Wärme durchströmte Kugel vorstellen, die durch die Meridiane Ihres Körpers strömt und Ihnen Kraft und Wärme schenkt.
- Beginnen Sie mit Ihren Übungen, die nahtlos aneinander anschließen sollten.
- Nach Beendigung einer Übung gehen Sie, wenn nicht anders angegeben, immer in die Grundstellung zurück und beginnen von dort die neue Übung.

Qi-Gong für das Sakral-Chakra

Übung 1: Bao Yue

1 Führen Sie drei Minuten die Grundübung von Seite 107 durch.

2 Begeben Sie sich in den Schneidersitz und falten Sie Ihre Hände in Höhe des Schambeins, Fingerspitzen nach unten. Dabei drücken die kleinen Fingerknochen leicht gegen den Qu-Gu-Punkt (Seite 108; → Foto).

3 Schließen Sie Ihre Augen, atmen Sie tief ein, heben Sie Ihre Arme auf Brusthöhe, führen Sie sie dann nach links und schließlich nach unten. Atmen Sie dabei aus.

4 Bringen Sie die Hände wieder zur Mitte des Schambeins und wiederholen Sie die Übung nach rechts.

5 Wiederholen Sie die gesamte Übung zwanzigmal.

Übung 2: Zou You Ye Me Fen Zong – die Mähne des Wildpferdes teilen

1 Drehen Sie Ihren Oberkörper etwas nach rechts, heben Sie Ihre rechte Hand in einem nach vorn geführten Bogen bis vor die rechte Hälfte der Brust. Die Handfläche zeigt dabei zum Boden. Die linke Hand führen Sie ebenfalls in einem nach vorn geführten Bogen vor die linke Brustseite und dann in einem Bogen nach rechts unten in Höhe der Taille. Die Handfläche zeigt nach oben, beide Ellenbogen sind gebeugt. Die Augen schauen die ganze Zeit auf die rechte Hand.

2 Verlagern Sie Ihr Gewicht langsam auf den rechten Fuß. Heben Sie den linken Fuß und stellen Sie ihn nur auf die Fußspitze gestützt neben den rechten. Die Ferse bleibt die ganze Zeit oben (→ Foto).

3 Drehen Sie Ihren Oberkörper etwas nach links und machen Sie mit dem linken Fuß einen Schritt nach vorn zur linken Seite. Dabei treten Sie zuerst mit der Ferse auf und rollen den Fuß dann ab. Die Hände bewegen sich auseinander. Dazu heben Sie die linke Hand nach links oben und nach vorn. Die rechte nach unten und nach vorn in Höhe der Taille.

4 Beugen Sie das linke Knie. Das rechte Knie bleibt gestreckt. Drehen Sie den Körper noch weiter nach links und bewegen Sie dabei die Hände auseinander. Die linke Hand heben Sie nach links oben bis auf Augenhöhe. Die Handfläche zeigt dabei zur Stirn. Die rechte Hand senken Sie in einem Bogen nach unten bis vor die rechte Hüfte. Die Augen schauen auf die linke Hand.

5 Nun verlagern Sie Ihr Gewicht langsam nach hinten. Heben Sie die linke Fußspitze einige Zentimeter an und drehen Sie sich um etwa 45 Grad nach links.

6 Drehen Sie den Oberkörper etwas nach links und verlagern Sie Ihr Gewicht wieder nach vorn. Die Hände sind nun vor der linken Brustseite, die linke Hand oben mit der Handfläche nach unten, die rechte unten mit der Handfläche nach oben, so als ob Sie einen Ball halten würden (→ Foto oben).

7 Stellen Sie nun den rechten Fuß neben den linken. Setzen Sie den Fuß dabei nur auf der Fußspitze ab, die Ferse bleibt angehoben. Sie schauen weiter auf die linke Hand.

8 Machen Sie mit dem rechten Fuß einen Schritt nach vorn und treten Sie dabei nur mit der Ferse auf. Die Zehenspitzen bleiben angehoben. Die Hände bewegen sich auseinander. Dabei heben Sie zuerst die rechte Hand in einem Bogen nach rechts oben und dann die linke nach links unten. Die Augen blicken auf die rechte Hand.

9 Verlagern Sie das Gewicht langsam nach vorne und beugen Sie das rechte Knie. Das linke Bein bleibt gestreckt. Den Oberkörper drehen Sie nun leicht nach rechts und bewegen dabei die Hände auseinander. Die rechte Hand heben Sie dazu nach oben, die linke senken Sie nach unten. Die Ellenbogen sind während der gesamten Bewegung leicht angewinkelt. Die Augen blicken auf die rechte Hand.

10 Wiederholen Sie Schritt 5, 6 und 7 jeweils seitenverkehrt; das heißt, drehen Sie nun den Oberkörper nach rechts und bringen Sie die Hände vor die rechte Brustseite.

11 Wiederholen Sie Schritt 8 und 9 jeweils seitenverkehrt; das heißt, machen Sie mit dem linken Fuß einen Schritt nach vorn und halten Sie die linke Hand nach links oben.

Übung 3: Shou Hui Pi Pa – schwingende Pipa

1 Machen Sie mit dem rechten Fuß einen Schritt nach vorn und stellen ihn dann vor den linken Fuß. Den Boden berühren Sie dabei nur mit den Zehenspitzen. Die Ferse bleibt angehoben.

2 Setzen Sie den rechten Fuß auf und verlagern Sie Ihr Gewicht nach hinten. Heben Sie dabei die linke Ferse leicht an. Drehen Sie den Oberkörper nach rechts, die linke Hand heben Sie nach vorn, die Fingerspitzen zeigen nach oben. Ziehen Sie die rechte Hand zur Innenseite des linken Ellenbogens zurück. Die rechte Handfläche zeigt zum linken Ellenbogen. Die Augen blicken auf die linke Hand.

3 Heben Sie dann den linken Fuß leicht an und setzen Sie ihn mit der Ferse vor dem rechten Fuß auf dem Boden ab. Die Zehenspitzen bleiben dabei oben. Die Ellenbogen sind leicht gebeugt. Die Hände befinden sich auf Höhe der Nase. Die linke Hand zeigt mit der Handinnenfläche nach rechts, die rechte nach links. Die Augen schauen auf die linke Hand (→ Foto oben).

Übung 4

Übung 5

Übung 4: Ru Feng Si Bi 1 – Schläge auffangen 1

1 Das Gewicht liegt auf dem rechten Fuß, das linke Knie ist gebeugt, das linke Bein ist gestreckt. Die rechte Hand ist zur Faust geballt und in Brusthöhe nach vorne ausgestreckt. Die linke Hand liegt auf dem rechten Arm. Die Augen schauen auf die Faust. Schieben Sie die linke Hand unter dem rechten Handgelenk nach vorn. Die Handfläche zeigt dabei nach oben. Öffnen Sie die Faust und drehen Sie dabei die Hand so, dass die Handfläche ebenfalls nach oben zeigt. Öffnen Sie die Hände schulterbreit (→ Foto).

2 Verlagern Sie Ihr Gewicht auf das linke Bein und heben Sie dabei die Zehenspitzen des rechten Fußes an. Ziehen Sie die Hände langsam zur Brust zurück. Drehen Sie die Hände und schieben Sie sie zum Bauch. Die Handflächen zeigen dabei nach unten.

3 Verlagern Sie das Gewicht wieder auf das rechte Bein. Beugen Sie dabei das Knie, das linke Bein bleibt gestreckt. Die Hände heben Sie auf Schulterhöhe. Die Handflächen zeigen dabei nach vorn.

Übung 5: Die Luft ist erfüllt vom Duft der buddhistischen Pagode

1 Stehen Sie in der Grundhaltung. Winkeln Sie Ihre Arme an und führen Sie die Hände an den Brustseiten zusammen, ohne dass sich die Finger berühren. Öffnen Sie die Hände vor der Brust fünfmal nach außen.

2 Führen Sie die Hände nach oben zu den Schultern. Senken Sie sie bis auf die Höhe der Taille. Die Handflächen zeigen zum Boden (→ Foto).

Übung 6: Buddhistischer Wind bläst in den Ohren

1 Sie stehen in der Grundstellung. Winkeln Sie nun die Arme nach vorne in einem rechten Winkel ab. Die Fingerspitzen zeigen dabei nach vorn und die Handflächen zueinander. Die Unterarme halten Sie in einem Abstand von etwa einem halben Meter parallel zueinander.

2 Bringen Sie nun aus dieser Haltung heraus beide Hände gleichzeitig bis auf Höhe der Ohren. Die Hände halten dabei einen Abstand von etwa zehn Zentimetern. Die Bewegung erfolgt langsam und gleichmäßig im Rhythmus Ihres Atems. Versuchen Sie, sich dabei vorzustellen, Sie würden Luft in Ihre Ohren einbringen, die dann in Ihren Kopf strömt (→ Foto).

3 Bringen Sie, mit den Händen in einer Bewegung von unten nach oben Luft in die Ohren.

4 Wiederholen Sie die Übung sechsunddreißigmal.

Übung 7: Buddhistische Strahlen erleuchten die Augen

1 Sie stehen in der Grundstellung. Winkeln Sie die Arme leicht an und bringen Sie sie etwa auf Höhe des Nabels. Mit den Händen formen Sie einen Entenschnabel. Dabei sind die Finger leicht gekrümmt und zeigen zueinander, berühren einander aber nicht. Der Daumen ist leicht abgespreizt.

2 Bewegen Sie nun die Luft mit den so geformten Händen von unten nach oben zu den Augen und »drücken« sie in sie hinein (→ Foto).

3 Wiederholen Sie diese Übung sechsunddreißigmal.

Übung 8: Das Drachenmädchen wickelt Seide

1 Sie stehen in der Grundstellung.

2 Legen Sie Ihre Hände in einem Abstand von etwa zehn Zentimetern flach vor den Bauch.

3 Beginnen Sie nun, mit der linken Hand von unten nach oben um die rechte Hand zu kreisen. Die Hand, die nach oben zieht, bleibt flach vor dem Bauch mit der Handfläche zum Körper. Die rechte Hand, die nach unten zieht, zeigt während der gesamten Kreisbewegung mit der Handfläche nach unten. Ist die linke Hand oben, wechselt die Position: Die rechte Handfläche weist nun zum Bauch, die linke nach unten. Machen Sie eine fließende Kreisbewegung.

4 Während des Kreisens der Hände beugen Sie im Wechsel das linke Knie und schwingen mit der Hüfte nach links, dann das rechte Knie und schwingen die Hüfte nach rechts (→ Foto).

5 Sechsunddreißigmal wiederholen.

Übung 9: Tian Wang, der Herrscher des Himmels, lässt seine Hände sinken

1 Sie stehen in der Grundstellung. Winkeln Sie Ihre Arme leicht an und bringen Sie Ihre Handflächen vor Ihren Bauch, ohne ihn zu berühren. Auch der Abstand der Hände zueinander beträgt zehn Zentimeter. Die Daumen sind leicht abgespreizt und zeigen zum Bauch.

2 Schwingen Sie nun die Hände abwechselnd nach rechts und nach links. Dabei beugen Sie abwechselnd die Knie und schwingen die Hüften nach rechts und links (→ Foto).

3 Wiederholen Sie die Übung sechsunddreißigmal.

Qi-Gong für das Nabel-Chakra

Übung 1: Dan Tian Yun Zhuan

1 Machen Sie drei Minuten lang die Grundübung von Seite 107.

2 Begeben Sie sich in den Schneidersitz und legen Sie ihre linke Hand in die rechte. Dabei berühren sich die Daumenspitzen. Die kleinen Finger liegen auf dem Xia-Dan-Tian-Punkt (Seite 108; → Foto).

3 Schließen Sie Ihre Augen, atmen Sie tief ein. Heben Sie ihren linken Arm bis in Brusthöhe, atmen Sie aus, drücken ihn zur linken Seite herunter. Gehen Sie zur Grundposition zurück.

4 Atmen Sie ein, heben Sie Ihren rechten Arm bis auf Brusthöhe, atmen Sie aus und drücken Sie den Arm nach rechts unten. Gehen Sie langsam zurück in die Grundposition im Schneidersitz.

5 Wiederholen Sie die Übung zwanzigmal.

Übung 2: Bai He Liang Chi – der weiße Kranich breitet seine Flügel aus

1 Der linke Fuß steht vorn, Knie leicht gebeugt. Der rechte Fuß steht hinten, nur auf Zehenspitzen. Nehmen Sie den linken Arm nach oben auf Brusthöhe und drehen Sie die linke Hand so, dass die Handfläche zum Boden zeigt. Beugen Sie den rechten Arm. Die rechte Hand zeigt dabei nach oben. Sie halten die Arme so, als ob Sie einen Ball halten würden. Die Augen blicken auf die linke Hand (→ Foto).

2 Machen Sie mit dem rechten Fuß einen halben Schritt nach vorn in Richtung des linken Fußes. Treten Sie mit dem ganzen Fuß auf.

3 Verlagern Sie Ihr Gewicht nach hinten. Drehen Sie den Oberkörper nach rechts. Die Hände bewegen Sie langsam auseinander. Heben Sie die rechte Hand nach oben, dann die linke nach links unten. Die Augen blicken auf die rechte Hand.

4 Setzen Sie nun den linken Fuß etwas nach vorn auf die Fußspitze. Die Ferse bleibt angehoben. Die rechte Hand heben Sie bis auf die Höhe der Stirn. Die Handfläche zeigt dabei nach links unten. Führen Sie die linke Hand vor die linke Hüfte. Die Fingerspitzen zeigen nach vorn, die Handflächen zum Boden. Sie blicken geradeaus.

Übung 3: Yun Shou – Wolkenhände

1 Verlagern Sie aus der Grundstellung Ihr Gewicht auf den linken Fuß und lehnen Sie Ihren Oberkörper nach hinten. Heben Sie dabei die Zehenspitzen des linken Fußes leicht an und senken Sie die linke Hand.

2 Den Oberkörper drehen Sie dann nach rechts und heben dabei die Ferse des linken Fußes an. Die linke Hand senken Sie in einem Bogen langsam nach unten und führen sie dann zur rechten Schulter. Die Handfläche zeigt dabei zur Schulter, und die Augen blicken auf die rechte Hand. Der rechte Arm ist leicht angewinkelt angehoben bis auf Schulterhöhe. Die Handfläche ist zum Gesicht gerichtet.

3 Drehen Sie nun den Oberkörper nach links. Öffnen Sie die rechte Hand und senken sie in einem Bogen langsam nach unten bis zum Bauch. Die linke Hand führen Sie weiter nach oben und senken sie seitwärts nach unten bis auf Schulterhöhe. Die Augen sind auf die linke Hand gerichtet (→ Foto).

4 Drehen Sie nun die linke Hand langsam um und führen sie in einem Bogen zur linken Seite. Die Handfläche zeigt dabei nach links. Führen Sie die rechte Hand in einem Bogen vom Bauch nach oben zur linken Schulter. Die Handfläche zeigt dabei zum Körper. Schieben Sie den rechten Fuß näher an den linken. Die Augen folgen der Bewegung der linken Hand.

Übung 4: Ru Feng Si Bi 2 – Schläge auffangen 2

1 Ihr Gewicht liegt auf dem rechten Fuß, mit dem linken Bein gehen Sie einen Schritt nach vorn. Strecken Sie die linke Hand in einem Bogen nach vorn aus und halten Sie diese Position. Die Augen sind auf den linken Handrücken gerichtet. Die Handfläche zeigt leicht nach unten. Die rechte Hand bildet eine Faust und ist seitlich auf Höhe der rechten Hüfte.

2 Schieben Sie die linke Hand unter dem rechten Handgelenk nach vorn. Die Handfläche zeigt dabei nach oben. Öffnen Sie die linke Faust und drehen Sie die Handfläche nach oben. Öffnen Sie Arme und Hände schulterbreit.

3 Verlagern Sie jetzt Ihr Gewicht auf das rechte Bein und heben Sie dabei die Zehenspitzen des linken Fußes an. Ziehen Sie die Hände langsam zur Brust zurück. Drehen Sie die Hände und schieben Sie sie zum Bauch.

4 Verlagern Sie Ihr Gewicht auf das linke Bein. Beugen Sie dabei das linke Knie, das rechte bleibt gestreckt. Schieben Sie die Hände nach vorn bis auf Schulterhöhe. Die Handflächen zeigen nach vorn (→ Foto oben).

Übung 5: Lotusblätter wiegen sich im Wind

1 Sie stehen in der Ausgangsstellung. Die Arme sind angewinkelt und die Handflächen zeigen zueinander. Die Fingerspitzen zeigen nach vorn.

2 Schwingen Sie die Hände vor der Brust in dieser Haltung nach links und rechts (→ Foto).

3 Wiederholen Sie die Übung sechsunddreißigmal.

Übung 6: Himmel und Erde drehen nach links und rechts

1 Sie stehen in der Ausgangsstellung. Die Arme sind angewinkelt, und die Handflächen zeigen zueinander. Der Abstand zwischen ihnen beträgt zwanzig Zentimeter. Die Fingerspitzen zeigen nach vorn.

2 Zeichnen Sie mit den Händen in dieser Haltung von rechts nach links entgegen dem Uhrzeigersinn eine waagrechte Ellipse (→ Foto).

3 Wiederholen Sie das sechsunddreißigmal.

4 Führen Sie die gleiche Übung von links nach rechts im Uhrzeigersinn durch.

Übung 7: Lohan bezwingt den Tiger

1 Sie stehen in der Ausgangsstellung. Formen Sie mit den Händen die Tatzen eines Tigers und krallen Sie Ihre Finger leicht ein. Die linke Hand bewegen Sie mit etwas Abstand vor den Bauch: Die linke Handfläche zeigt zum Bauch, die rechte zur Hüfte. Die rechte Hand schwebt rechts neben der Hüfte (→ Foto).

2 Bewegen Sie die Hände nun abwechselnd von links nach rechts. Beugen Sie dabei abwechselnd die Knie und schwingen Sie sanft in den Hüften von rechts nach links.

3 Wiederholen Sie das sechsunddreißigmal.

»DUFTENDES QI-GONG«

Diese Übung stammt wie viele andere Übungen in diesem Buch aus dem »Duftenden Qi-Gong«. Diese Variante des klassischen Qi-Gong ist erst seit 1998 bekannt und hat im Reich der Mitte viele Anhänger gefunden.

Übung 8: Der Mönch führt seine Stabkunst

1 Sie stehen in der Ausgangsstellung. Krümmen Sie Ihre Finger leicht zusammen und stellen Sie sich vor, Sie hielten einen Stab. Schwingen Sie ihn 20 Zentimeter vor dem Bauch langsam nach rechts und links (→ Foto).

2 Beugen Sie abwechselnd die Knie, schwingen Sie die Hüften nach links und rechts.

3 Sechsunddreißigmal wiederholen.

Qi Gong für das Herz-Chakra

Übung 1: Ping Zhuan Yi Yang

1 Machen Sie drei Minuten lang die Grundübung von Seite 107.

2 Begeben Sie sich in den Schneidersitz und legen Sie Ihre Hände zusammen. Dabei zeigen Ihre Fingerspitzen schräg nach oben. Bleiben Sie in dieser Haltung eine Minute lang ruhig sitzen und konzentrieren Sie sich auf den Zhong-Dan-Tian-Punkt (Seite 108).

3 Beschreiben Sie nun mit Ihren Armen eine kreisende Schwimmbewegung in Brusthöhe. Atmen Sie bei der Vorwärtsbewegung aus und beim Zurückführen der Hände ein (→ Foto).

4 Wiederholen Sie die Übung zwanzigmal.

Übung 2: Zuo You Dao Juan Hong – rollender Oberarm

1 Nehmen Sie aus der Grundstellung die Arme mit gebeugten Ellenbogen bis auf Augenhöhe, Handflächen zueinander. Die Augen blicken auf die linke Hand. Drehen Sie die Handflächen nach oben und senken Sie die rechte Hand langsam bis vor Ihre rechte Hüfte.

2 Drehen Sie den Oberkörper in einem Bogen langsam nach rechts und heben Sie die linke

Hand bis in Brusthöhe. Winkeln Sie den Ellenbogen dabei leicht an. Die Augen blicken auf die linke Hand.

3 Heben Sie jetzt den linken Fuß an und winkeln Sie den rechten Arm zum rechten Ohr hin an. Die Handfläche zeigt dabei schräg nach oben. Senken Sie den linken Arm langsam. Die Augen blicken auf die linke Hand (→ Foto).

4 Setzen Sie den linken Fuß hinter den rechten. Setzen Sie dabei zuerst die Fußspitzen, dann den ganzen Fuß auf und rollen ihn ab. Das Gewicht verlagern Sie dabei nach hinten und heben die Ferse des rechten Fußes an. Die rechte Hand schieben Sie in Höhe des Ohrs kräftig nach vorn. Die Handfläche zeigt dabei nach vorn. Der Arm ist ausgestreckt. Den linken Arm senken Sie langsam bis vor den Bauch. Die Augen blicken auf die rechte Hand.

5 Führen Sie 2 bis 4 seitenverkehrt durch; das heißt, Sie drehen sich nach links und heben die rechte Hand.

Übung 3: Dan Bian 1 – einfache Peitsche 1

1 Lehnen Sie den Oberkörper nach hinten und drehen Sie ihn dabei nach links. Heben Sie die Zehen des rechten Fußes an, senken Sie die rechte Hand aus der Position von Übung 2 leicht und bewegen Sie sie in einem Bogen nach links. Die Augen schauen auf die linke Hand (→ Foto).

2 Drehen Sie den Körper langsam weiter nach links und drehen Sie die Zehen des rechten Fußes dabei nach innen. Gleichzeitig bewegen Sie beide Hände nach links. Die linke Hand ist dabei höher als die rechte. Führen Sie die linke

Hand nach links oben, die Handfläche zeigt dabei nach oben. Heben Sie die rechte Hand am Bauch vorbei langsam zur linken Seite des Brustkorbs. Die Augen blicken auf die linke Hand.

3 Verlagern Sie das Gewicht auf den rechten Fuß und stellen Sie den linken Fuß neben den rechten. Setzen Sie dabei den Fuß nur mit den Fußspitzen auf. Heben Sie die rechte Hand in einem Bogen nach oben und nach rechts bis auf die Höhe der Schulter. Knicken Sie das Handgelenk der rechten Hand leicht ab. Schließen Sie die Fingerkuppen um den Daumen. Bewegen Sie die linke Hand in einem Bogen nach unten und dann nach oben zur rechten Schulter. Die Handfläche zeigt dabei auf den Körper.

4 Drehen Sie den Oberkörper leicht nach links. Machen Sie mit dem linken Fuß einen Schritt nach vorne links. Drehen Sie die Zehenspitzen dabei nach außen und setzen Sie den Fuß nur mit der Ferse auf. Die Zehenspitze bleibt angehoben. Strecken Sie den linken Arm nach links aus. Die Augen schauen auf die linke Hand.

5 Drücken Sie den Oberkörper nach vorn und drehen Sie sich dabei langsam nach links. Setzen Sie den linken Fuß ganz auf den Boden auf. Beugen Sie das linke Knie, das rechte bleibt gestreckt. Drehen Sie die linke Hand um und schieben sie nach vorn. Die Augen blicken auf die linke Hand.

Übung 4: Shi Zi Shou – gekreuzte Hände

1 Das linke Bein ist gebeugt, das rechte gestreckt. Die Arme sind auf Schulterhöhe ausgestreckt, Handflächen nach vorn. Verlagern Sie Ihr Gewicht auf den rechten Fuß. Drehen Sie den Oberkörper langsam nach rechts. Die Zehenspitzen des linken Fußes drehen sich dabei nach innen, die des rechten Fußes nach außen. Führen Sie die rechte Hand in einem Bogen nach rechts, sodass beide Arme weit geöffnet und auf einer Linie sind. Die Handflächen zeigen nach vorn.

2 Drehen Sie den Oberkörper nach links und die Zehenspitzen des rechten Fußes dabei nach innen. Gleichzeitig senken Sie die Hände auf Bauchhöhe und heben sie in einer kreisförmigen Bewegung wieder an, um sie vor der Brust zu kreuzen. Dabei liegt die rechte Hand über der linken. Die Handflächen zeigen zum Gesicht. Die Augen schauen nach vorn (→ Foto Seite 127).

Übung 5: Kreisende Hände

1 Stehen Sie in der Ausgangsstellung, und legen Sie Ihre linke Hand ganz locker seitlich an den Oberschenkel. Mit der rechten Hand führen Sie nun kreisförmige Bewegungen über ihrer rechten Brust durch. Die Hand ist dabei geöffnet und leicht gespreizt (→ Foto).

2 Wiederholen Sie die Übung viermal.

3 Zum Schluss reiben Sie beide Handflächen kräftig aneinander, bis sie warm sind und leicht kribbeln. Klopfen Sie anschließend Ihren ganzen Brustkorb leicht mit den angewärmten Händen ab.

Übung 6: Anspannung ausatmen

1 Setzen Sie sich aufrecht auf einen Stuhl. Der Oberkörper lehnt dabei an der Stuhllehne. Die Hände legen Sie über Kreuz auf die Knie. Kreisen Sie nun mit dem Oberkörper zuerst sechsunddreißigmal nach links, dann genauso oft nach rechts.

2 Konzentrieren Sie sich auf den Dan-Tian-Punkt (Seite 108), der sich drei Fingerbreit unter Ihrem Bauchnabel befindet.

3 Heben Sie die gestreckten Arme an und

überkreuzen Sie sie vor der Brust. Atmen Sie dabei tief ein und spannen Sie alle Muskeln im Körper an. Dann atmen Sie aus und entspannen sich. Wiederholen Sie diesen Übungsschritt zwanzigmal (→ Foto Seite 128 unten).

4 Falten Sie die Hände wie zum Gebet und legen Sie sie in ihren Nacken. Atmen Sie tief ein und strecken Sie nun Kopf und Rücken nach hinten. Spannen Sie dabei die Nacken- und die Bauchmuskulatur an. Beim Ausatmen lassen Sie locker. Wiederholen Sie diesen Übungsschritt zwanzigmal.

Übung 7: Die Ruder bewegen, um das Meer zu überqueren

1 Sie stehen in der Grundposition. Die Handflächen zeigen nach unten. Die Arme sind leicht nach vorne angewinkelt. Die Finger greifen leicht nach unten.

2 Ziehen Sie nun die Hände wie beim Rudern immer wieder zum Körper (→ Foto oben).

3 Wiederholen Sie das sechsunddreißigmal.

Übung 8: Das Rad des Dharma dreht sich immer

1 Sie stehen in der Grundposition. Die Arme sind vor der Brust angewinkelt, und die Fingerspitzen zeigen zueinander. Die Handflächen zeigen nach unten.

2 Schieben Sie nun die rechte Hand in Brusthöhe zehn Zentimeter über die linke. Strecken Sie zuerst die eine, dann die andere Hand nach vorne und beschreiben Sie dabei mit den Händen eine Ellipse (→ Foto).

3 Sechsunddreißigmal wiederholen.

Qi-Gong für das Hals-Chakra

Übung 1: Cha Hua Man Tou

1 Machen Sie drei Minuten lang die Grundübung von Seite 107.

2 Setzen Sie sich in den Schneidersitz und atmen Sie tief ein.

3 Heben Sie Ihre Arme seitlich hoch bis über den Kopf und atmen Sie aus. Bilden Sie dabei Fäuste, legen diese gegeneinander und an der Kehle ab. Führen Sie dann die Arme wieder mit geöffneten Händen nach oben (→ Foto).

4 Wiederholen Sie die Übung zwanzigmal.

Übung 2: Zuo Lan Qiao Wei – Ziehen am Pfauenschwanz

1 Sie befinden sich in der Grundstellung. Heben Sie die linke Hand bis auf Ohrhöhe an, die Handfläche zeigt dabei nach vorn. Der rechte Arm befindet sich auf Bauchhöhe und ist nach vorne ausgestreckt. Die Handfläche zeigt nach oben. Führen Sie die rechte Hand nach vorn und oben zur inneren Seite des linken Ellenbogens. Die rechte Handfläche zeigt dabei nach oben, die linke nach unten.

2 Drehen Sie den Oberkörper nach rechts und verlagern Sie Ihr Gewicht dabei nach hinten. Ziehen Sie die Hände in Bauchhöhe mit gebeugten Ellenbogen nach hinten. Die Augen schauen auf beide Hände.

3 Machen Sie nun mit dem linken Fuß einen Schritt nach links und beugen Sie das linke Knie. Das rechte Bein bleibt gerade. Drücken Sie beide Hände mit angewinkelten Armen vom Brustkorb aus nach vorn, bis sie gestreckt sind. Die Fingerspitzen weisen nach vorn. Die Augen blicken fest auf das linke Handgelenk (→ Foto).

Übung 3: Shuang Feng Guan Er – doppelter Gipfel

1 Aus der Grundstellung winkeln Sie das rechte Knie im rechten Winkel an. Führen Sie die linke und die rechte Hand in einem Bogen nach vorn. Dabei drehen Sie beide Hände so, dass die Handflächen nach oben zeigen. Die Augen blicken auf beide Hände.

2 Setzen Sie den rechten Fuß mit der Ferse vorne rechts auf dem Boden auf. Heben Sie die Hände von den Knien bis zu den Hüften.

3 Setzen Sie den rechten Fuß ganz auf. Verlagern Sie dabei das Gewicht nach vorn, das linke Bein bleibt gestreckt. Ballen Sie die Hände zu Fäusten und heben Sie sie bis in Ohrenhöhe. Zwischen den Fäusten ist jetzt ein Abstand von zehn bis zwanzig Zentimetern. Die Daumen der Fäuste zeigen schräg nach oben. Die Augen schauen nach vorn (→ Foto oben).

Übung 4: Zou You Chuan Suo – Vor- und Zurückschwanken

1 Stellen Sie den linken Fuß vor den rechten und setzen Sie den Fuß dabei nur mit den Zehenspitzen auf. Die Ferse bleibt angehoben. Drehen Sie die Zehenspitzen dabei schräg nach außen und drehen Sie den Oberkörper langsam nach links. Führen Sie die Hände vor dem Brustkorb – so, als ob Sie einen Ball halten würden. Die linke Hand schwebt dabei in der Höhe des Gesichts über der rechten. Die Augen blicken auf den rechten Unterarm.

2 Stellen Sie den rechten Fuß neben den linken und setzen Sie dabei den Fuß nur mit den Zehenspitzen auf. Die Ferse bleibt angehoben.

Drehen Sie den Körper um 45 Grad nach rechts und machen Sie mit den rechten Fuß einen Schritt nach vorne rechts. Beugen Sie das rechte Knie und strecken Sie das linke. Gleichzeitig heben Sie die rechte Hand, Handfläche über der Stirn nach vorn. Drücken Sie die linke Hand nach unten und nach vorn bis auf Nasenhöhe. Die Handfläche zeigt nach vorn, die Augen schauen auf die linke Hand (→ Foto Seite 131 unten).

Übung 5: Die Schwingung führen

1 Gehen Sie in den schulterbreiten Stand.

2 Schwingen Sie nun beide Hände nach links und drehen Sie den Kopf dabei zu rechten Seite.

3 Führen Sie die Hände hinter den Rücken und legen Sie sie auf die Nieren. Atmen Sie tief ein und beugen Sie Kopf und Hals nach hinten. Atmen Sie aus und neigen Sie Kopf und Hals nach vorn (→ Foto).

4 Atmen Sie ein, strecken Sie die linke Hand in Brusthöhe nach oben, Handfläche nach unten. Die rechte Hand geht mit der Fläche nach oben nach links. Beim Ausatmen halten Sie die Hände übereinander vor den Bauch.

Übung 6: Bodhidharma schaukelt das Boot

1 Sie stehen in der Grundstellung. Die Handflächen zeigen nach unten.

2 Schieben Sie nun die rechte Hand in Brusthöhe zehn Zentimeter über die linke.

3 Schwingen Sie die Hände abwechselnd nach links und nach rechts. Denken Sie dabei an ein schaukelndes Boot (→ Foto).

4 Sechsunddreißigmal wiederholen.

Übung 7: Lohan betet an

1 Sie stehen in der Grundstellung. Falten Sie die Hände wie zum Gebet und verschränken Sie dabei die Finger ineinander. Die Handflächen sollten sich dabei nicht berühren.

2 Zeichnen Sie nun mit Händen zuerst nach oben, dann nach unten Kurven. Dabei schwingen Sie den Körper nach rechts und nach links. Lassen Sie den Körper von den Hüftbewegungen führen (→ Foto).

3 Wiederholen Sie die Übung sechsunddreißigmal.

Übung 8: Die fliegende Fee überreicht Blumen

1 Sie stehen in der Grundstellung. Die Handflächen zeigen zueinander. Der Abstand zwischen den Händen beträgt zwanzig Zentimeter. Die Finger zeigen nach unten.

2 Schwingen Sie nun die Hände vor dem Bauch nach links und nach rechts und schwingen Sie gleichzeitig Ihren Körper von links nach rechts. Lassen Sie den Körper von Ihren Hüftbewegungen führen (→ Foto).

3 Sechsunddreißigmal wiederholen.

Übung 9: Die Luft ist erfüllt vom Duft der chinesischen Pagode

1 Sie stehen in der Grundstellung. Die Handflächen zeigen etwa in Brusthöhe zueinander. Die Arme sind angewinkelt, die Fingerspitzen zeigen nach vorn, und der Abstand zwischen den Händen beträgt zwanzig Zentimeter.

2 Öffnen und schließen Sie die Hände vor der Brust fünfmal (→ Foto).

Übung 10: Der Mönch schwingt seine Hände

1 Sie stehen in der Grundstellung. Heben Sie die Hände vor den Bauch. Der Abstand zwischen den Fingerspitzen beträgt zunächst zehn Zentimeter. Die Handflächen zeigen dabei zum Körper.

2 Männer legen nun die rechte Hand über die linke, Frauen die linke über die rechte. Schwingen Sie dabei den Körper nach links und nach rechts und lassen Sie ihn von den Hüftbewegungen führen (→ Foto).

3 Wiederholen Sie die Übung sechsunddreißigmal. Lassen Sie den Atem während der gesamten Übung frei fließen. Diese Übung klappt übrigens immer, auch wenn Sie abgelenkt sind.

Qi-Gong für das Stirn-Chakra

Übung 1: Bai Yuan Xi Mian

1 Machen Sie drei Minuten lang die Grundübung von Seite 107.

2 Begeben Sie sich in den Schneidersitz und legen Sie Ihre Hände in Brusthöhe zusammen. Die Fingerspitzen zeigen schräg nach oben.

3 Atmen Sie ein, lassen Sie Ihre linke Hand seitlich kreisen, während die Handinnenfläche zum Gesicht gerichtet ist, und folgen Sie der Bewegung mit dem Yin-Tang-Punkt (Seite 108), Ihrem »Dritten Auge« (→ Foto).

4 Atmen Sie aus und schließen Sie Ihre Hände wieder. Atmen Sie ein und lassen Sie nun Ihre rechte Hand gleich der linken Hand wie beschrieben seitlich kreisen.

5 Wiederholen Sie die Übung zwanzigmal.

Übung 2: Dan Bian 2 – einfache Peitsche 2

1 Sie befinden sich in der Ausgangsstellung. Drehen Sie die rechte Hand nach rechts und umschließen Sie mit den Fingerkuppen den Daumen (Hakenhand). Heben Sie nun die rechte Hand in einem Bogen seitlich bis auf Schulterhöhe. Dabei heben Sie die Ferse des linken Fußes. Bringen Sie nun die geöffnete linke Hand auf Höhe Ihrer Schulter, die Handinnenfläche zeigt dabei zur Schulter, und die Augen schauen auf die linke Hand (→ Foto).

2 Drehen Sie nun den Oberkörper leicht nach links und machen Sie mit dem linken Fuß einen Schritt nach vorne links. Die Zehenspitzen drehen Sie dabei 15 bis 30 Grad nach außen und setzen den Fuß nur mit der Ferse auf. Die Zehenspitzen bleiben dabei etwas angehoben. Strecken Sie den linken Arm langsam nach links aus. Die Augen blicken konzentriert auf die linke Hand.

3 Drücken Sie den Oberkörper jetzt nach vorn und drehen ihn dabei langsam nach links. Den linken Fuß setzen Sie ganz auf dem Boden auf. Beugen Sie das linke Knie, das rechte bleibt gestreckt. Drehen Sie die linke Hand mit der Handfläche nach vorn. Die Augen blicken auf die linke Hand.

Übung 3: You Deng Jiao – den rechten Fuß heben

1 Führen Sie die linke Hand zur rechten und kreuzen Sie die Hände etwa 30 Zentimeter vor der Brust in Höhe der Schultern. Die linke Hand liegt dabei über der rechten. Die Handflächen zeigen nach außen.

2 Mit dem linken Fuß machen Sie nun einen Schritt nach vorn links und setzen den Fuß dabei nur mit der Ferse auf, die Zehenspitzen bleiben angehoben. Bewegen Sie die Hände langsam zu beiden Seiten auseinander. Handgelenke bleiben in Schulterhöhe, die Augen blicken auf die rechte Hand.

3 Lehnen Sie den Körper nach vorn. Rollen Sie dabei den linken Fuß ab und verlagern Sie das Gewicht auf den linken Fuß. Das rechte Bein bleibt gestreckt. Bewegen Sie die Hände zu beiden Seiten auseinander.

4 Stellen Sie den rechten Fuß neben den linken und setzen Sie den Fuß dabei nur mit den Zehenspitzen auf. Kreuzen Sie die Hände vor dem Brustkorb und halten Sie die Hände dabei so, dass die rechte Hand unter der linken liegt. Die Handflächen zeigen zur Brust, und die Augen blicken nach vorne (→ Foto).

5 Beugen Sie das linke Knie. Bewegen Sie die Hände zu beiden Seiten auseinander, die Handflächen zeigen dabei nach vorn. Die Augen blicken auf die rechte Hand.

6 Heben Sie die Arme langsam bis zur Schulter, winkeln Sie die Ellenbogen dabei an. Die Handflächen zeigen nach vorn. Heben Sie den rechten Fuß bei gestrecktem Bein bis auf Schulterhöhe an. Mit dem linken Fuß stehen Sie dabei auf Zehenspitzen.

Übung 4: Zuo Xia Shi Du Li 1 – auf einem Fuß stehen und das linke Bein strecken

1 Drehen Sie aus der Grundstellung die Zehenspitzen des linken Fußes nach außen und verlagern Sie das Gewicht auf den linken Fuß. Beugen Sie dabei das linke Bein und richten Sie sich langsam auf. Strecken Sie das rechte Bein und heben Sie gleichzeitig die linke Hand. Senken Sie die rechte Hand, die Fingerkuppen zeigen dabei nach oben, und formen Sie eine umgekehrte Hakenhand (Fingerkuppen umschließen Daumenspitze).

2 Heben Sie nun langsam den rechten Fuß, und winkeln Sie das Knie an. Die Zehenspitzen zeigen dabei nach unten. Beugen Sie das linke Knie ebenfalls. Öffnen Sie die rechte Hand und lassen Sie sie von hinten am rechten Bein vorbei nach vorn schwingen. Winkeln Sie dabei den Ellenbogen über dem rechten Knie an. Die Handfläche zeigt nach links. Senken Sie nun die linke Hand in einem Bogen vor die linke Hüfte. Die Handfläche zeigt dabei nach unten. Die Augen blicken auf die rechte Hand (→ Foto Seite 136 unten).

Übung 5: You Xia Shi Du Li 2 – auf einem Fuß stehen und den rechten Fuß strecken

1 Stellen Sie aus der Grundstellung den rechten Fuß neben den linken, setzen Sie dabei nur die Zehenspitzen auf. Drehen Sie den Körper nach links. Heben Sie den linken Arm bis auf Schulterhöhe und formen Sie eine Hakenhand. Die rechte Hand führen Sie zur linken Schulter. Die Handfläche zeigt nach links. Die Augen blicken auf die linke Hand (→ Foto).

2 Beugen Sie das linke Bein, bis Ober- und Unterschenkel einen rechten Winkel bilden. Strecken Sie gleichzeitig das rechte Bein aus. Lassen Sie die rechte Hand hängen und führen Sie sie an der Innenseite des rechten Beines zum Unterschenkel. Drehen Sie den linken Arm so, dass die Hackenhand nach hinten weist.

3 Drehen Sie die Zehenspitzen des rechten Fußes nach außen und verlagern Sie das Gewicht auf den rechten Fuß. Beugen Sie dabei das rechte Bein und richten Sie sich auf. Strecken Sie das linke Bein und heben Sie dabei die rechte Hand. Lassen Sie die linke Hand sinken und bilden Sie eine umgekehrte Hakenhand.

4 Heben Sie den linken Fuß und winkeln Sie das Knie an. Öffnen Sie die linke Hand und lassen Sie sie von hinten am linken Bein nach vorn schwingen. Winkeln Sie den Ellenbogen dabei über dem linken Knie an, senken Sie die rechte Hand vor der rechten Hüfte.

Übung 6

Übung 7

Übung 8

Übung 6: Shan Tong Bi – Den Rücken schwingen

1 Heben Sie aus der Grundstellung den linken Fuß an und führen Sie dabei den rechten Arm mit angewinkeltem Ellenbogen langsam nach oben zur Schläfe. Heben Sie die linke Hand an und drehen Sie sie so, dass die Handfläche schräg nach oben zeigt und die Fingerkuppen knapp das rechte Handgelenk berühren.

2 Setzen Sie den linken Fuß auf und beugen Sie dabei das linke Knie. Das rechte Bein bleibt gestreckt. Drehen Sie den Körper nach rechts. Drehen Sie die rechte Hand zur Stirn, sodass der Daumen nach unten zeigt. Drücken Sie die linke Hand in Höhe der Nase nach vorne. Die Handfläche zeigt dabei nach vorn. Die Augen blicken auf die linke Hand (→ Foto).

3 Wiederholen Sie die Übung mit rechts.

Übung 7: Bodhisattva spielt chinesische Zither

1 Sie stehen in der Grundstellung. Handflächen zeigen nach unten, Fingerspitzen nach vorn. Die Arme sind nach vorne angewinkelt (→ Foto).

2 Öffnen Sie die Hände vor der Brust sechsunddreißigmal, sodass die Fingerspitzen dabei jeweils nach außen zeigen.

Übung 8: Eine Essschale in zwei teilen

1 Sie stehen in der Grundstellung. Die Arme sind leicht angewinkelt, die Handflächen zeigen nach oben, die Fingerspitzen nach vorn.

2 Öffnen Sie die Hand sechsunddreißigmal vor der Brust zu den Seiten (→ Foto).

Qi-Gong für das Kronen-Chakra

Übung 1: Jing Xin Bai Kong

1 Machen Sie drei Minuten lang die Grundübung von Seite 107.

2 Nehmen Sie eine stehende Grundhaltung ein. Die Beine sind dabei schulterbreit auseinander und die Knie leicht gebeugt.

3 Atmen Sie tief ein und heben Sie Ihre Arme seitlich über den Kopf. Die Hände greifen oben ineinander.

4 Atmen Sie aus und beugen Sie Ihren Kopf, den Oberkörper und Ihre Arme nach vorne und nach unten (→ Foto). Dabei finden die Hände am Ende Kontakt zum Bauchnabel.

5 Atmen Sie ein und richten Sie sich wieder auf. Wiederholen Sie die Bewegung.

6 Wiederholen Sie die gesamte Übung zwanzigmal.

Übung 2: Im Liegen kreisen

1 Legen Sie sich auf den Rücken. Die Arme liegen seitlich am Körper. Atmen Sie tief ein und sammeln Sie sich. Beim Ausatmen konzentrieren Sie sich auf Ihren entspannten Körper. Bleiben Sie in dieser Position eine Minute lang liegen.

2 Legen Sie beide Hände auf den Bai-Hui-Punkt (in der Mitte des Kopfes an der Scheitelspitze, → Seite 108). Massieren Sie den Punkt mit beiden Händen kreisförmig, zehnmal links herum, zehnmal rechts herum (→ Foto).

3 Schieben Sie anschließend das Kinn mit beiden Händen nach oben. Atmen Sie dabei tief ein und stellen Sie sich vor, wie sich Ihr Blutdruck langsam erhöht. Beim Ausatmen entspannen Sie sich.

Übung 3

Übung 4

4 Legen Sie die Hände übereinander auf das Brustbein, auf den sogenannten Zan-Zhong-Punkt (der Punkt in der Mitte des Brustbeins; → Seite 108). Drehen Sie den Kopf abwechselnd langsam nach rechts und nach links.

Übung 3: Den Körper stärken

1 Heben Sie aus der Grundstellung die Arme so über den Kopf, dass die Fingerspitzen zueinander zeigen, sich aber nicht berühren. Die Hände sind etwa zehn Zentimeter über dem Scheitel. Die Handflächen zeigen zum Boden (→ Foto).

2 Bewegen Sie die Hände zwanzigmal im Uhrzeigersinn nach rechts, nach hinten, nach links und nach vorn. Lassen Sie anschließend die Hände langsam nach unten bis etwa auf Höhe der Knie sinken. Die Handflächen weisen zu den Knien. Die Fingerspitzen zeigen dabei nach unten. Der Körper ist leicht gebeugt.

3 Wiederholen Sie die Übung dreimal.

Übung 4: Doulou zeichnet Flaschenkürbisse

1 Strecken Sie beide Arme in Höhe der Brust nach rechts. Die Arme sind angewinkelt, das rechte Handgelenk nach rechts geknickt, und die Handflächen zeigen nach unten (→ Foto).

2 Zeichnen Sie in dieser Haltung mit den Händen im Uhrzeigersinn Flaschenkürbisse. Beugen Sie dabei abwechselnd die Knie und schwingen Sie mit den Hüften nach rechts und links.

3 Wiederholen Sie die Übung sechsunddreißigmal.

Übung 5: Das Drachenmädchen pflückt Lotus

1 Heben Sie die Hände vor den Bauch. Die Arme sind leicht angewinkelt, die Handflächen zeigen nach unten. Der Abstand zwischen den Handflächen beträgt zehn Zentimeter. Die Fingerspitzen zeigen nach vorn (→ Foto).

2 Drücken Sie die Hände nach unten. Beugen Sie dabei die Knie abwechselnd und schwingen Sie die Hüften nach rechts und links.

3 Wiederholen Sie das sechsunddreißigmal.

Übung 6: Die fliegende Fee streut Blumen

1 Die Arme sind vor dem Körper, und die Handflächen zeigen zueinander. Der Abstand dazwischen beträgt 20 Zentimeter. Die Fingerspitzen zeigen nach unten.

2 Schwingen Sie die Hände vor dem Bauch nach links und nach rechts. Schwingen Sie gleichzeitig den Körper nach links und rechts und lassen Sie Ihren Körper von den Hüftbewegungen führen (→ Foto).

3 Wiederholen Sie das sechsunddreißigmal.

Übung 7: Der bewaffnete Wächter des Buddha lenkt seine inneren Kräfte

1 Die Arme sind leicht abgespreizt. Formen Sie mit der rechten und linken Hand einen Entenschnabel und halten Sie die Position.

2 Tippen Sie nun zuerst mit dem linken Daumen auf den Bauch, dann mit dem rechten. Schwingen Sie den Körper dabei nach links und rechts. Lassen Sie Ihren Körper von Ihren Hüftbewegungen führen (→ Foto).

3 Wiederholen Sie das sechsunddreißigmal.

Übung 8: Die drei Heiligen versinken in Meditation

1 Stellen Sie sich vor, Sie halten einen Ball in den Händen und bewegen ihn von links nach rechts zur Mitte. Die Finger zeigen dabei zueinander.

2 Halten Sie die Hände erst links, dann rechts und dann zum Schluss vor den Bauch. Halten Sie die letzte Position eine Minute lang (→ Foto).

Qi-Gong für die Hand- und Fuß-Chakras

Wie Sie bereits ab Seite 79 gelesen haben, sind die Hand- und Fuß-Chakras durch ihre Reflexzonen mit allen inneren Organen verbunden. Der gesamte Organismus kann über die Hände und Füße angeregt und harmonisiert werden. Das gilt natürlich besonders für die nachfolgenden Hand- und Fuß-Chakra-Übungen.

Übung für die Hand-Chakras

Das Zentrum der Handchakras sitzt im Lao-Gong-Punkt. Bildet man eine Faust, so liegt dieser Punkt zwischen Ring- und Mittelfinger.

1 Gehen Sie hinaus ins Freie und suchen Sie sich einen kräftigen Baum. Wenn es die Witterung nicht zulässt, können Sie sich auch einer schönen Zimmerpflanze zuwenden.

2 Führen Sie die Grundübung von Seite 107 durch. Nehmen Sie dann wieder die Grundstellung ein oder setzen Sie sich im Schneidersitz einen Meter vor den Baum oder die Pflanze.

3 Reiben Sie Ihre Hände aneinander, bis Sie ein starkes Wärmegefühl verspüren. Öffnen Sie nun die Hände. Die Handflächen zeigen dabei nach innen.

4 Atmen Sie ein und nehmen Sie die positive Energie in den Lao-Gong-Punkt auf. Über die Arme fließt die Energie durch den Körper in Beine und Füße.

5 Atmen Sie aus und lassen Sie schlechte Energie aus dem Körper in die Wurzeln der Pflanze strömen.
6 Wiederholen Sie diese Übung zwanzig Mal.
7 Reiben Sie abschließend die Hände nochmals aneinander. Drücken Sie beide Hände am Lao-Gong-Punkt aneinander. Beugen Sie sich mit dem ganzen Körper nach vorne und bedanken Sie sich bei der Pflanze.
8 Wiederholen Sie das Abschlussritual dreimal.

Hand-Chakra-Übungen als Gehrinjogging: Durch die enge Beziehung zwischen unseren Händen und unserem Gehirn regen diese Übungen auch die Gehirntätigkeit an und fördern neue Verknüpfungen.

Übung für die Fuß-Chakras

Das Zentrum der Fuß-Chakras sitzt in dem Punkt Yong-Quan in der Mitte der Fußsohle hinter dem Ballen. Hier ist eine leichte Delle spürbar.

1 Führen Sie die Grundübung von Seite 107 durch.
2 Nehmen Sie mit überkreuzten Beinen bequem im Schneidersitz Platz. Die Wirbelsäule halten Sie dabei gerade und aufrecht. Schultern und Nacken sind locker und entspannt. Ihre Hände liegen entspannt auf den Oberschenkeln auf.
3 Konzentrieren Sie sich auf beide Füße und besonders auf den Yong-Quan-Punkt (→ oben).
4 Führen Sie die Übung 1 für das Wurzel-Chakra von Seite 109 durch.

DIE CHAKRA-PUNKTE DES KÖRPERS

Konzentrieren sich Sie bei allen Chakra-Übungen in der folgenden Reihenfolge auf die jeweiligen Chakra-Punkte:

Punkt 1 Wurzel-Chakra
Punkt 2 Sakral-Chakra
Punkt 3 Nabel-Chakra
Punkt 4 Herz-Chakra
Punkt 5 Hals-Chakra
Punkt 6 Stirn-Chakra
Punkt 7 Kronen-Chakra

Wo sich die Punkte genau befinden, sehen Sie auf Seite 108.

Heiltees und die Fünf-Elemente-Ernährung

Qi erhalten wir auch von außen durch den Atem und die Nahrung. Chinesische Heilkräuter und Tees sind daher bewährte Methoden zur Qi-Chakra-Therapie, ebenso wie die Ernährung im Rahmen der Fünf-Elemente-Lehre, die auf alle Chakras stärkend wirkt. Empfehlenswert bei einem geschwächten oder disharmonischen Chakra-Qi sind eine Teekur und eine Qi-stärkende Ernährungsweise. Die wichtigsten Hinweise zur Fünf-Elemente-Ernährung sowie Beschreibungen der Heilpflanzen finden Sie in diesem Kapitel.

Chinesische Heilkräuter und -tees

In allen großen Kulturen setzt man seit jeher Heilpflanzen ein, um Beschwerden zu lindern und das Wohlbefinden zu steigern. Gerade die TCM mit ihrem unerschöpflichen Vorrat an Arzneien pflanzlichen, mineralischen oder tierischen Ursprungs ist heute wissenschaftlich untersucht und die Wirksamkeit vieler Mittel eindeutig belegt. Insbesondere die Pflanzenheilkunde ist ein nicht wegzudenkender Bestandteil der modernen Naturheilmedizin.

Heilkräuter enthalten eine ganze Reihe wertvoller Stoffe. Neben ätherischen Ölen sind in den Pflanzen Flavonoide, Saponine, Gerbstoffe, Mineralstoffe und Vitamine enthalten. Manche Pflanzen wirken allein, andere nur durch das Zusammenspiel mit anderen. Auf der körperlichen Ebene wirken sie stärkend, entzündungshemmend, entgiftend, schmerzlindernd oder beruhigend. Auf der geistig-seelischen Ebene wirken sie harmonisierend, antidepressiv oder schlaffördernd. Eine ganze Reihe von Heilpflanzen wirkt auf bestimmte Organbereiche, denen die verschiedenen Chakras zugeordnet sind. Insofern können die pflanzlichen Arzneien in Form von Säften oder Abkochungen (Dekokte) sowie Tees die Chakra-Aktivität anregen und auf diese Weise harmonisieren. Alle im Folgenden beschriebenen Heilkräuter erhalten Sie entweder im Reformhaus oder in der Apotheke.

Die chinesische Medizin nützt neben manchen für uns recht exotischen Mitteln auch viele unserer alltäglichen Küchen- und Gartenkräuter und bei uns heimische Pflanzen in Form von Tees, Säften oder Abkochungen.

QI ÜBER HEILTEES AUFNEHMEN

Das Qi im Tee beeinflusst das Wasser in unserem Organismus. Der passende Tee kann genau das Qi anregen, das Sie für ein blockiertes oder geschwächtes Chakra brauchen. Heiße Tees liefern frei fließendes, aktives Qi, während warme Tees entspannend und harmonisierend wirken. Kalte Getränke hingegen können zu Verspannungen und Blockaden führen. Die Qi-Aufnahme kann dadurch gehemmt werden.

Bei akuten Beschwerden ist ein warmer Tee aus den entsprechenden Heilkräutern sehr empfehlenswert. Durch die Wärme können die in den Kräutern enthaltenen Heilsubstanzen schnell vom Körper aufgenommen werden.

Aloe Vera

- **Chakras:** Nabel-Chakra, Wurzel-Chakra, Sakral-Chakra
- **Anwendungsgebiete** innerlich: Verstopfung, ausbleibende Menstruation; äußerlich: Ekzeme, Sonnenbrand
- **Anwendung:** Verwendet wird der Saft (erhältlich im Reformhaus). Den Saft nach Anleitung dosieren, bei akuten Beschwerden ein- bis dreimal täglich einnehmen.

Angelika (Engelwurz)

- **Chakras:** Nabel-Chakra, Sakral-Chakra
- **Anwendungsgebiete:** Immunschwäche, schwache oder ausbleibende Menstruation, prämenstruelles Syndrom, Appetitlosigkeit, Magenbeschwerden, Blähungen, Durchfall
- **Anwendung:** Abkochung aus einer ganzen Angelikawurzel und zwei Tassen Wasser. Die Flüssigkeit auf eine Tasse einkochen lassen. Jeweils die Hälfte morgens und abends vor dem Zubettgehen trinken.

Baldrian

- **Chakra:** Wurzel-Chakra
- **Anwendungsgebiete:** Nervosität, krampfartige Schmerzen im Magen-Darm-Trakt, Wasseransammlungen (Ödeme), Schlafstörungen, Schwäche, Erschöpfung
- **Anwendung:** 3 Esslöffel getrocknete, zerkleinerte Baldrianwurzel in 1 Liter Rotwein ziehen lassen, durch ein sauberes Tuch filtern. Dreimal täglich vor den Mahlzeiten 2 Esslöffel des Rotweinsuds einnehmen.

Brennnessel

- **Chakra:** Sakral-Chakra
- **Anwendungsgebiete:** Stoffwechsel, Rheuma, Gicht, Gallen-, Leberbeschwerden, Blasenbeschwerden, Prostatabeschwerden
- **Anwendung:** 1 Esslöffel Brennnesselblätter mit einem Viertelliter kochendem Wasser überbrühen, 10 Minuten lang ziehen lassen, abseihen. Täglich zwei bis drei Tassen trinken.

Enzian

- **Chakra:** Nabel-Chakra, Hals-Chakra
- **Anwendungsgebiete:** Durchfall, Halsschmerzen, geschwollene Augen, Rheuma, Gallenbeschwerden
- **Anwendung:** 2 bis 5 Gramm getrocknete Blüten mit 1 Liter kochendem Wasser überbrühen, 15 bis 30 Minuten ziehen lassen, abseihen. Eine Tasse nach den Mahlzeiten trinken.

Fenchel

- **Chakra:** Nabel-Chakra, Hals-Chakra
- **Anwendungsgebiete:** Appetitlosigkeit, Übelkeit, Verdauungsschwäche, Übersäuerung, Husten
- **Anwendung:** 2 Teelöffel Fenchelsamen und 2 Teelöffel Kamillenblüten mit einem Viertelliter kochendem Wasser aufgießen, 10 Minuten ziehen lassen, abseihen. Zwei bis drei Tassen täglich trinken. Nach Belieben mit Honig süßen.

Ginseng

- **Chakra:** Nabel-Chakra, Stirn-Chakra, Herz-Chakra
- **Anwendungsgebiete:** Verbesserung der Gehirnfunktion, Regulation des Blutdrucks und des Blutzuckers, Stärkung der Milz- und Lungenfunktion, bei Appetitlosigkeit, Magenschleimhautentzündung, Herzrasen
- **Anwendung:** 5 bis 10 Gramm mit 1 Liter siedendem Wasser übergießen, 30 bis 60 Minuten lang kochen, abseihen. Morgens auf leeren Magen eine Tasse davon trinken.

Himbeere

- **Chakra:** Sakral-Chakra
- **Anwendungsgebiete:** Impotenz, Unfruchtbarkeit, körperliche und geistige Erschöpfung
- **Anwendung:** 5 bis 10 Gramm der unreifen Früchte mit 1 Liter siedendem Wasser übergießen, 30 bis 60 Minuten kochen. Das Dekokt abseihen. Morgens auf leeren Magen eine bis zwei Tassen davon trinken.

Holunder

- **Chakra:** Wurzel-Chakra
- **Anwendungsgebiete:** Schwäche des Immunsystems, Erkältungskrankheiten mit Fieber, Rheuma
- **Anwendung:** 2 Esslöffel getrocknete Blüten mit einem Viertelliter kochendem Wasser übergießen, 7 Minuten zugedeckt ziehen lassen. Zweimal täglich eine Tasse frisch aufbrühen und in kleinen Schlücken trinken.

Huflattich

- **Chakra:** Hals-Chakra
- **Anwendungsgebiete:** Husten, Erkältungskrankheiten, vor allem Bronchitis
- **Anwendung:** 2 Esslöffel Huflattich mit einem Viertelliter kochendem Wasser übergießen. 5 Minuten zugedeckt ziehen lassen. Zweimal täglich nach den Mahlzeiten eine große Tasse des frisch gebrühten Tees trinken.

Ingwer

- **Chakra:** Nabel-Chakra, Hals-Chakra, Herz-Chakra
- **Anwendungsgebiete:** Stärkt Magen, Milz, Lunge und Herz; bei Übelkeit, Erbrechen, Reisekrankheit, Husten, Erkältung, Magengeschwüren, Bauchspeicheldrüsenentzündung
- **Anwendung:** 10 Gramm mit 1 Liter siedendem Wasser übergießen, 30 bis 60 Minuten lang kochen, Dekokt abseihen. Morgens auf leeren Magen zwei Tassen trinken.

Johanniskraut

- **Chakra:** Stirn-Chakra
- **Anwendungsgebiete:** Depressionen, Kopfschmerzen, Verspannungen
- **Anwendung:** 2 Esslöffel getrocknetes Johanniskraut mit einem Viertelliter kochendem Wasser übergießen, 5 Minuten zugedeckt ziehen lassen, abseihen. Zwei- bis dreimal täglich eine große Tasse trinken.

Kamille

- **Chakra:** Hals-Chakra, Nabel-Chakra
- **Anwendungsgebiete:** Magenbeschwerden, Entzündungen der Mundschleimhaut, Schnupfen
- **Anwendung:** 1 bis 2 Teelöffel Kamillenblüten mit einem Viertelliter heißem Wasser überbrühen. 10 Minuten lang ziehen lassen. Zwei- bis dreimal täglich warmen (nicht heißen) Kamillentee trinken oder die heißen Dämpfe inhalieren. Für das Dampfbad 6 bis 8 Teelöffel Kamillenblüten in eine Schüssel geben und mit etwa einem Liter kochendem Wasser überbrühen, etwas abkühlen lassen und dann unter einem Handtuch inhalieren.

Kardamom

- **Chakra:** Nabel-Chakra, Sakral-Chakra
- **Anwendungsgebiete:** Erbrechen, Durchfall, Inkontinenz, Bauchschmerzen
- **Anwendung:** 3 bis 10 Gramm Kardamom mit 1 Liter siedendem Wasser übergießen, 30 bis 60 Minuten kochen. Dekokt abseihen. Morgens auf leeren Magen zwei Tassen trinken.

Knoblauch

- **Chakra:** Wurzel-Chakra, Nabel-Chakra, Herz-Chakra
- **Anwendungsgebiete:** Durchfall, Nasenbluten, hohe Cholesterinwerte, Bluthochdruck, Arteriosklerose, Erkältung, Grippe, Pilzerkrankungen
- **Anwendung:** 3 bis 5 frische Knoblauchzehen pro Tag roh zu den Mahlzeiten essen.

Lebensbaum (Thuja)

- **Chakra:** Wurzel-Chakra, Herz-Chakra
- **Anwendungsgebiete:** Schlaflosigkeit, Herzklopfen, Verstopfung, Schwäche
- **Anwendung:** 5 bis 10 Gramm mit 1 Liter siedendem Wasser übergießen. Sud 30 bis 60 Minuten lang kochen. Dekokt abseihen. Morgens auf leeren Magen zwei Tassen trinken.

Lindenblüten

- **Chakra:** Wurzel-Chakra
- **Anwendungsgebiete:** Schwäche des Immunsystems, Erkältungskrankheiten mit Fieber
- **Anwendung:** 2 Esslöffel getrocknete Blüten mit einem Viertelliter kochendem Wasser übergießen. 7 Minuten zugedeckt ziehen lassen, abseihen. Zweimal täglich eine große Tasse des frisch gebrühten Tees trinken.

Löwenzahn

- **Chakra:** Nabel-Chakra, Sakral-Chakra
- **Anwendungsgebiete:** Stauung und Entzündung von Leber und Galle, Nieren- und Gallenprobleme
- **Anwendung:** 1 bis 2 Esslöffel getrocknetes Löwenzahnkraut mit einem Viertelliter kaltem Wasser überbrühen, zum Sieden bringen, den Sud 1 Minute kochen lassen, dann 10 Minuten ziehen lassen und abseihen. Eine bis zwei Tassen morgens auf nüchternen Magen trinken.

Melisse

- **Chakra:** Herz-Chakra
- **Anwendungsgebiete:** nervöse Herzbeschwerden, Immunschwäche
- **Anwendung:** 1 Esslöffel getrocknete Melissenblätter mit einem Viertelliter kochendem Wasser übergießen, 8 Minuten ziehen lassen, abseihen. Täglich zwei Tassen trinken.

Minze

- **Chakra:** Hals-Chakra
- **Anwendungsgebiete:** Husten, Bronchitis, Erkältungskrankheiten
- **Anwendung:** 1 bis Teelöffel Pfefferminzblätter mit einem Viertelliter siedendem Wasser überbrühen, 7 Minuten ziehen lassen, abseihen. Zwei bis drei Tassen täglich davon trinken, am besten frisch aufgebrüht.

Salbei

- **Chakra:** Hals-Chakra
- **Anwendungsgebiete:** Atemwegserkrankungen wie Husten, Heiserkeit, Bronchitis
- **Anwendung:** 1 Esslöffel getrocknete Salbeiblätter mit einem Viertelliter kochendem Wasser übergießen, 3 Minuten zugedeckt ziehen lassen, abseihen. Zweimal täglich eine große Tasse frisch aufgebrüht trinken.

Thymian

- **Chakra:** Herz-Chakra, Hals-Chakra
- **Anwendungsgebiete:** Husten, Bronchitis, nervöse Herzbeschwerden, Immunschwäche
- **Anwendung:** 4 Esslöffel Thymian in 1 Liter Rotwein ansetzen, aufkochen, 4 Esslöffel Honig dazugeben, abseihen. Den Thymianwein eine Woche lang ziehen lassen. Dann dreimal täglich zwei Esslöffel davon einnehmen.

Wacholder

- **Chakra:** Nabel-Chakra, Hals-Chakra
- **Anwendungsgebiete:** Appetitlosigkeit, Husten, Durchfall, Blähungen, Sodbrennen, Galle- und Leberbeschwerden, Rheumabeschwerden
- **Anwendung:** Pro Tasse 1 Teelöffel zerdrückte Wacholderbeeren mit einem Viertelliter siedendem Wasser überbrühen, 10 Minuten ziehen lassen. Zwei bis drei Tassen davon jeweils nach den Mahlzeiten trinken.

Weißdorn

- **Chakra:** Herz-Chakra
- **Anwendungsgebiete:** Altersherz, Herz- und Kreislaufbeschwerden, Durchblutungsstörungen
- **Anwendung:** 1 Esslöffel getrockneten Weißdorn mit einem Viertelliter kochendem Wasser übergießen, 15 Minuten ziehen lassen, abseihen. Täglich zwei Tassen trinken.

Die Fünf-Elemente-Ernährung

Der »Chinese um die Ecke« gibt mit seiner Kochkunst oft nur einen sehr schwachen Abglanz der reichen und vielfältigen Küche aus dem riesigen Reich der Mitte wieder. Am ehesten können Sie eine Ahnung von der wahren Beschaffenheit chinesischer Speisen bekommen, wenn Sie ein Lokal finden, dass von vielen Chinesen besucht wird.

Eine vielfältige Ernährung ist wichtig für ein harmonisch strömendes Qi und eine gute Versorgung des Körpers. Wenn Sie verschiedene Nahrungsmittel zu sich nehmen und diese variationsreich zubereiten, ist die Gefahr eines Nährstoff- oder Qi-Mangels gering. In der chinesischen Ernährungslehre werden die Lebensmittel nach ihrem Temperaturverhalten geordnet und gemäß den fünf Elementen, denen jeweils eine Geschmacksrichtung zugeordnet ist, klassifiziert. So wird die energetische Wirkung aller Lebensmittel auf unseren Organismus erfasst. Schließlich sollten wir immer so ausgewogen essen, dass Yin und Yang gestärkt werden.

Die thermische Qualität der Nahrung

Kalte Nahrungsmittel sind

- Grüner Tee, Wasser, Bier, kalte Getränke
- Joghurt
- Tomaten, Gurken, Spargel, Zucchini, Kürbis
- Südfrüchte, Avocado
- Sojasauce, Safran
- Wild

➡ Diese Nahrungsmittel werden als wenig empfehlenswert für Frauen im Klimakterium oder in der Schwangerschaft sowie kleine oder sehr lebhafte Kinder betrachtet.

Kräutertee gehört zu den erfrischenden Nahrungsmitteln.

Erfrischende Nahrungsmittel sind

- Weizenbier, Kräutertee
- Tofu
- Die meisten heimischen Gemüse und Salate
- Okraschoten, Weizen, Reis, Sojabohnen
- Äpfel, Birnen, Mandarinen
- Ente, Pute

➡ Diese Nahrungsmittel sind alle gekocht hervorragend verdaulich.

Neutrale Nahrungsmittel sind

- Malzbier
- Eier, Rindfleisch
- Buttermilch, Sauermilcherzeugnisse
- Kartoffeln, Möhren, Kohl, Pilze, Feldsalat
- Trauben, Feigen
- Getreide, Mais, Hülsenfrüchte
- ➡ Diese Nahrungsmittel beugen gekocht giftigen Ablagerungen im Körper vor; sie sollten regelmäßig auf dem Speiseplan stehen.

Hülsenfrüchte haben in der chinesischen Küchentradition einen hohen Stellenwert und gehören zu den neutralen Lebensmitteln.

Warme Nahrungsmittel sind

- Schwarzer Tee, Kaffee, Kakao, Wein, Kokosmilch, Essig
- Käse
- Rote Bete, Lauch, Zwiebeln
- Pfirsich, Melone, Papaya, Pflaume, Beeren, Kirschen
- Sonnenblumenkerne
- Getrocknete Kräuter (Petersilie!) und Gewürze
- Schwein, Kalb, Lamm, Kaninchen, Huhn, Gans
- ➡ Diese Nahrungsmittel sollten ebenfalls regelmäßig auf dem Speiseplan stehen.

Heiße Nahrungsmittel sind

- Hochprozentige Alkoholika
- Fenchel, weißer Rettich, Paprika
- Ananas, Grapefruit, Aprikose
- Scharfe Gewürze (schwarzer Pfeffer, Chili, Ingwer, Zimt, Curry, Muskat, Knoblauch)
- Gegrilltes Fleisch
- ➡ Diese Nahrungsmittel bewirken im Übermaß eine Yang-Fülle; sie sind jedoch als schmackhafte Zutaten vor allem zu Wintergerichten und in kleinen Mengen durchaus empfehlenswert. Es gilt auch hier der Grundsatz des Maßhaltens.

Die geschmackliche Qualität der Nahrung

Sich nach der Fünf-Elemente-Lehre zu ernähren heißt, die Nahrung entsprechend der Jahreszeiten sowie der persönlichen Konstitution auszuwählen. So erhalten Körper, Geist und Seele stets genügend Qi und können ausgeglichen und aktiv bleiben. Deshalb sollten in jeder Mahlzeit alle fünf Geschmacksrichtungen (siehe unten) enthalten sein.

Eine Sonderstellung nimmt das Element Erde ein, von dessen Speisen Sie sich jederzeit allein ernähren können, um Ihre Chakras zu stärken.

Ein alter chinesischer Leitsatz besagt: »Der Tee schwimmt an der Oberfläche von kochendem Wasser, das dem Kessel zugeführt wird. Dieser wird von Feuer getragen. Tee, Wasser, Kessel, Feuer – wenn eines dieser Elemente in seiner Aufgabe versagt, ist der Tee verschwendet.«

Zur Vorbeugung von Krankheiten und zur Gesunderhaltung sollte keine der Geschmacksrichtungen in zu großen Mengen vorkommen oder ganz weggelassen werden. Manche Nahrungsmittel lassen sich mehreren Elementen zuordnen, weil sie sich sowohl auf das Yin wie auf das Yang auswirken.

Metall – das Scharfe

In der Heilkunde setzt man das Scharfe ein, um Blockaden zu lösen. In der Schwangerschaft und der Stillzeit sollten scharfe Nahrungsmittel gemieden werden. Dazu gehören:

Basilikum, Brunnenkresse, Cayennepfeffer, Dillsamen, Färberdistelöl, Fenchelsamen, Minze, Ingwer, Kapern, Knoblauch, Kohlrabi, Koriander, Lauch, Lorbeer, Majoran, Muskatnuss, Paksoi, Reiskleie, Rettich, Rosmarin, schwarzer Pfeffer, Sojaöl, Spinat, Steckrübe, weißer Pfeffer, Weizenkeime, Weizenkleie, Zwiebel.

Erde – das Süße

Süße Lebensmittel wirken ausgleichend, entspannend und Qi-aufbauend, indem sie für eine gute Qi-Verteilung sorgen. Ideal sind süße Nahrungsmittel für einen gesunden Qi-Aufbau bei Kindern wie bei Erwachsenen. Dazu gehören:

Agar-Agar, Ananas, Apfel, Aubergine, Auster, Bambussprosse, Banane, Rohrohrzucker, Buchweizen, Butter, Ei, Ente, Erbse, Erdnuss (-öl), Feige, Gans, Garnele, Gerste, Grüne Bohne, Gurke, Hering, Hirse, Hirtentäschelkraut, Honig, Huhn, Kartoffel, Käse, Kastanie,

Chinesische Speisen sind vielfältig, schmackhaft und leicht verdaulich.

Kirsche, Kohl, Kokosnuss, Kopfsalat, Kuzu, Lamm, Mais, Makrele, Malzzucker, Mandel, Mangold, Milch, Möhre, Mungobohne, Mu-err-Pilz, Nori-Alge, Pfirsich, Pinienkerne, Reis, Rind, Rote Bete, Sardelle, Sardine, Sojabohne, Sesam, Schweinefleisch, Sellerie, Sesamöl, Shiitakepilz, Süßkartoffel, Tunfisch, Tintenfisch, Tofu, Walnuss, Wasserkastanie, Wassermelone, Weizen, Zucchini.

Holz – das Saure

Saure Nahrungsmittel haben eine zusammenziehende Wirkung, was ein Ansammeln von Energie und das Bewahren der Körpersäfte fördert. Nahrungsmittel mit saurem Geschmack empfehlen sich besonders bei Sport, im Sommer oder beim Aufenthalt in Räumen mit einer niedrigen Luftfeuchtigkeit. Dazu gehören:
Adzukibohne, Birne, Erdbeere, Himbeere, Käse, Lauch, Litschi, Mandarine, Mango, Olive, Pflaume, Safran, Sternfrucht, Tomate, Traube, Weinessig.

Feuer – das Bittere

Bitter-erfrischende Nahrungsmittel helfen dabei, innerer Unruhe und aufsteigendem Yang vorzubeugen. Sie wirken ausgleichend bei Stress, intellektueller Belastung und Nervosität. Dazu gehören: Alfalfasprossen, Kohlrabi, Kopfsalat, Kürbis, Papaya, Roggen, Romanasalat, Schalotte, Sellerie, Spargel, Steckrübe, weißer Pfeffer.

Wasser – das Salzige

Salz sollte nicht im Übermaß genossen werden, da es das Nieren-Qi schwächt. Zum Salzigen gehören:
Agar-Agar, Auster, Gerste, Hirse, Kartoffel, Krebstiere, Meeresalgen, Miesmuschel, Salz, Sardine, Schweinefleisch.

ERNÄHRUNGSTIPPS FÜR DAS CHAKRA-QI

- Verwenden Sie immer frische, jahreszeitengemäße Produkte, am besten aus der Region.
- Passen Sie sich bei der Zubereitung der Speisen der Jahreszeit an: In Herbst und Winter sollten Sie eher warme Nahrungsmittel zu sich nehmen, in der wärmeren Jahreszeit erfrischende.
- Yangisierende Kochmethoden helfen dabei, erfrischende Speisen durch scharfe Gewürze, scharfes Anbraten bei hohen Temperaturen, lange Kochzeiten, Backen und Braten im Herd zu wärmen.
- Yinisierende Kochmethoden können warme oder heiße Speisen im Sommer verträglich machen, beispielsweise durch die Kombination von kalten Lebensmitteln zu Gegrilltem.
- Bei jeder Speise sollte ein neutrales Nahrungsmittel die Grundlage sein und mit warmen und erfrischenden Zutaten gemischt werden.
- Garen Sie alle Speisen kurz, essen Sie sie warm.
- Essen Sie wenig rohe oder kalte Nahrungsmittel, außer zur heißen Jahreszeit.
- Verwenden Sie qualitativ hochwertige Pflanzenöle.
- Nehmen Sie sich Zeit zum Essen und genießen Sie jedes Gericht.
- Als Getränk zum Essen ist grüner Tee, Wasser, Bier oder auch Reiswein empfehlenswert.
- Verwenden Sie keine Mikrowelle zur Zubereitung Ihrer Gerichte, da diese das energetische Gleichgewicht der Speisen verändert.
- Jedes Gericht sollte ausgewogen hinsichtlich seines Geschmacks und der Temperatur sein und möglichst alle fünf unterschiedlichen Geschmacksrichtungen enthalten.
- Halten Sie Maß beim Essen und beim Trinken.

Über dieses Buch

Haftungsausschluss

Die Inhalte dieses Buches sind sorgfältig recherchiert und erarbeitet worden. Dennoch können weder die Autoren noch der Verlag für die Angaben in diesem Buch eine Haftung übernehmen.

Selbstmedikation – ein wichtiger Hinweis

Viele rezeptfrei erhältliche Mittel, gerade auch pflanzliche Arzneien wie die in diesem Buch vorgestellten Heilkräuter, kann man unbedenklich zur Selbstmedikation einsetzen. Auch die in diesem Buch beschriebenen heilenden Übungen sind gut zur Selbstbehandlung geeignet.
Vorsicht ist jedoch immer dann geboten, wenn Sie ernsthaft krank sind. Wenn Sie sich länger als drei Tage krank fühlen oder sich Ihre Symptome verschlimmern, sollten Sie unbedingt einen Arzt oder Heilpraktiker Ihres Vertrauens zu Rate ziehen. Stellen Sie niemals selbst eine Diagnose, Sie könnten damit die notwendige Behandlung einer Krankheit versäumen oder verzögern. Die in diesem Buch vorgestellten Übungen sind gut zur Begleitung einer medizinischen Behandlung geeignet.

Bildnachweis

Alle Fotos: Werbefotografie Weiss, Gersthofen, außer: 8, 10, 11, 13, 14, 15, 17, 20, 23, 26, 30, 32, 36, 41, 46, 53, 59, 64, 67, 70, 75, 84, 86, 90, 93, 97, 103, 108, 144, 147, 148, 149, 150, 151, 152, 153, 155 (Weltbild Fotoarchiv); 146, 148, 149, 150, 151 (Sascha Wuillemet)

Impressum

Weltbild Buchverlag -Originalausgaben-

Projektleitung: Dr. Ulrike Strerath-Bolz
Redaktion: Claudia Krader
Redaktionelle Mitarbeit: Christina Unglaub
Layoutrealisation und Satz: avak Publikationsdesign, München
Reproduktion: Point of Media GmbH, Augsburg
Druck und Bindung: Offizin Andersen Nexö Leipzig GmbH, Zwenkau

Gedruckt auf chlorfrei gebleichtem Papier

Printed in the EU

ISBN 978-3-89897-565-0

Die Autoren

Prof. Dr. Li Wu (Univ. Yun Nan), geboren in Xiang (VR China), studierte Traditionelle Chinesische Medizin in Bejing (Peking) sowie Psychologie und Germanistik an der Universität Passau. Er ist Vorstandsmitglied im TCM-Ärzteverband und führt eine erfolgreiche Naturheilpraxis in München. Dr. Li Wu veröffentlichte verschiedene Sachbücher zur Traditionellen Chinesischen Medizin und zu Qi Gong.

Die Adresse seiner Praxis:
Prof. TCM Dr. (univ. Yun Nan) Li Wu
Naturheilpraxis
Revaler Straße 2
81677 München

Tel.: 089-91 05 97 98
Fax: 089-91 05 97 99

Anna Cavelius, Jahrgang 1964, M.A. der Philosophie, arbeitet seit vielen Jahren als erfolgreiche Sachbuchautorin und Journalistin. Ihre Spezialthemen sind Gesundheit, Psychologie und Kultur. Mit Prof. Li Wu arbeitet sie seit vielen Jahren zusammen.

Zum Weiterlesen

Paul Brecher: Energieströme des Körpers. © Taschen Verlag. Köln 2004

Anna Cavelius, Alexandra Cavelius, Li Wu: Praxisbuch Chinesische Medizin. © Bassermann. München 2005

Manuela Heider de Jahnsen: Das große Handbuch der chinesischen Ernährungslehre. Eine Anleitung zur gesunden Lebensgestaltung. © Windpferd. Aitrang 2006

Christiane Seifert: Die Fünf-Elemente-Küche. © Knaur. München 2005

Carl-Hermann Hempen: dtv-Atlas Akupunktur. © dtv Verlag. München 1999

Susanne Hornfeck: Chinesische Hausmittel. Heilwissen aus dem Reich der Mitte. © dtv Verlag. München 2002

Christine R. Page: Chakraheilung, Körperheilung. © Knaur. München 1994

Shalila Sharamon, Bodo J. Baginski: Das Chakra-Handbuch. © Windpferd. Aitrang 2004

Im Internet

www.learn-qigong.com
www.qigong-tcm.de

Stichwortregister

Die Übungen von A bis Z